일본어 독해력 완성 프로그램
다락원 일한 대역문고
중급 4

일본 중학교 교과서선(下)

日本の中学校の教科書選(下)

宮沢賢治·太宰治·菊池寛 著 | 최종훈 訳註

다락원

머리말

『다락원 일한 대역문고』 중급 시리즈는 일본어 중급 학습자들이 일본어 명문들을 즐겁고 효과적으로 읽으며 고급 수준으로 독해력을 발전시키는 것을 목표로 만들었습니다.
일본어 기초가 완성된 중급 단계의 학습자가 일본어 실력을 향상시키기 위해서는 수준에 맞는 좋은 문장을 많이 접하여 어휘의 자연스럽고 정확한 쓰임을 익히는 것이 중요합니다. 너무 쉽거나 어려운 글을 읽으면 자칫 일본어 학습에 흥미를 잃어버리게 될 수도 있기 때문입니다.
현행 일본 초등학교와 중학교 국어교과서에 실린 명문을 비롯하여 일본 현대소설과 우리에게 익숙한 외국 소설의 일본어 번역 등 다양한 장르의 이야기들은 자연스럽게 일본어 문장의 깊은 맛을 익히는 데 좋은 길잡이가 되어 줄 것입니다.

『다락원 일한 대역문고』 시리즈는 사전 없이 편리하게 학습할 수 있도록, 어휘 풀이는 물론 주요 문형에 대한 자세한 해설과 예문을 함께 실었습니다. 본문의 대역은 어휘의 정확한 뜻 전달을 위해 의역보다는 직역에 가깝도록 했고, 원어민의 정확한 발음으로 녹음된 오디오로 듣기 능력 향상까지 함께 기대할 수 있습니다. 『다락원 일한 대역문고』 시리즈로 일본어를 읽고 듣는 재미를 느껴보시기 바랍니다.
여러분의 일본어 학습에 도움이 되기를 바랍니다.

다락원 일한 대역문고 연구회

『다락원 일한 대역문고』 이렇게 보세요

それほど、新兵衛はそのしごき出す三間柄の大身の槍の矛先で、先駆けしんがりの功名を重ねていた。そのうえ、彼の武者姿は、戦場において[1]水ぎわだった華やかさを示していた。火のような猩々緋の服折*を着て、唐冠纓金のかぶとをかぶった彼の姿は、敵味方の間に、輝くばかりの鮮やかさを持っていた。

그 정도로 신베에는 세 칸이나 되는 길이에 손잡이가 달린 긴 창끝으로 선봉과 후위에서 거듭해서 전공을 세우고 있었다. 게다가 그의 무사다운 모습은 전장에서 두드러진 화려함을 보이고 있었다. 불처럼 검붉은 색의 하오리를 입고 금색 끈이 달린 투구를 쓴 그의 모습은 적과 아군을 통틀어서 빛이 날 만큼 선명함을 지니고 있었다.

어휘 설명

자세한 해설과 함께, 히라가나로 실린 단어 중 한자를 알아두면 좋은 어휘에는 한자 표기를 병기했습니다.
사진 자료는 어휘 해설에 대한 빠르고 정확한 이해를 도와줍니다.

문형 해설

주요 문형의 뜻풀이와 접속을 예문과 함께 알기 쉽게 정리했습니다.

보충 해설

자세한 해설로 내용 이해도가 높아집니다.

일러두기

일본어의 한국어 표기는 다음과 같습니다.
장음은 단음으로 표기했습니다. 예 大阪 — 오사카
발음 표기는 로마자 표기의 발음에 따랐습니다. 예 つかう (tsukau) — 츠카우
촉음은 'ㅅ'으로 표기했습니다.

문형 접속 해설에 쓰인 활용형의 설명은 다음과 같습니다.
ます형(연용형) — ます가 붙기 이전의 형태
ない형 — ない가 붙기 이전의 형태
て형・た형 — 각각 て・た가 붙은 형태
な형용사な・명사の — な형용사의 어간에 な가 붙은 형태, 명사에 の가 붙은 형태
동사・い형용사・な형용사의 기본형 — 동사・い형용사는 사전에 실려 있는 형태, な형용사는 어간에 だ가 붙은 형태
보통형 — 기본형, 부정형, 과거형, 과거부정형

오디오 CD

원어민 성우의 정확한 내레이션으로 듣는 즐거움도 쌓으세요.

목차

일본 중학교 교과서선(下)

日本の中学校の教科書選(下)

オツベルと象

宮沢賢治

……ある牛飼いがものがたる。

第一日曜

オツベルときたら[1]大したもんだ。稲こき器械の六台もすえつけて、のんのんのんのんのんのんと、おおそろしない音を立ててやっている。

- ある 어느, 어떤
- 牛飼い 소치기, 소몰이(꾼)
- ものがたる 이야기하다, 말하다
- 大した 대단한, 굉장한, 놀랄만한
- もん 사람 〈もの의 회화체 표현〉
- 稲こき器械 탈곡기
- ～台 ~대 〈자동차나 기계 등을 셀 때 쓰는 조수사〉
- すえつける 설치하다
- のんのんのんのん 윙윙윙윙 〈작가가 표현한 탈곡기 소리〉
- おおそろしない 엄청나게 크다 〈방언으로 보여짐〉
- 音を立てる 소리를 내다

오츠베르와 코끼리

미야자와 켄지

……어느 목동이 이야기한다.

첫째 일요일

오츠베르로 말할 것 같으면 대단한 사람이다. 탈곡기를 여섯 대나 설치하고 '윙윙윙윙 윙윙윙윙' 하고 엄청나게 큰 소리를 내며 일을 하고 있다.

1 ~ときたら ~라 하면, ~로 말하자면 [명사+ときたら]

어떤 사실이나 대상에 대해 비난 · 불만 등의 좋지 않은 감정을 가지고 화제로 삼을 때 쓴다.

うちのテレビときたら、古(ふる)くてよく故障(こしょう)します。
우리 집 텔레비전으로 말하자면, 오래 돼서 자주 고장이 납니다.

十六人の百姓どもが、顔をまるっきり真っ赤にして足で踏んで器械を回し、小山のように[2]積まれた稲をかたっぱしからこいていく。わらはどんどん後ろの方へ投げられて、また新しい山になる。

そこらは、もみやわらから立った細かなちりで、変にぼうっと黄色になり、まるで沙漠のけむりのようだ。

そのうす暗い仕事場を、オツベルは、大きな琥珀のパイプをくわえ、ふきがらをわらに落とさないよう、目を細くして気をつけながら、両手を背中に組み合わせて、ぶらぶら行ったり来たりする。

- □ 百姓 백성, 농민
- □ ～ども ~들
- □ まるっきり 완전히
- □ 足で踏む 발로 밟다
- □ 器械を回す 기계를 돌리다
- □ 小山 작은 산
- □ 積む 쌓다
- □ 稲をこく 벼이삭을 털다
- □ かたっぱしから 닥치는 대로, 모조리
- □ わら 볏짚
- □ どんどん 자꾸자꾸
- □ 投げる 던지다
- □ ～になる (명사에 붙어) ~이 되다
- □ そこら 그곳, 거기
- □ もみ 왕겨;벼의 겉껍질
- □ 細かだ 작다, 세세하다
- □ ちり 먼지
- □ 変に 이상하게, 기묘하게
- □ ぼうっと 뿌옇게
- □ 沙漠 사막
- □ けむり 연기
- □ うす暗い 어두컴컴하다
- □ 仕事場 작업장
- □ 琥珀 호박;수지(樹脂)가 땅속에 묻혀 화석이 된 것으로, 투명 또는 반투명의 황색을 띰
- □ パイプをくわえる 파이프(담뱃대)를 입에 물다
- □ ふきがら 담뱃재
- □ 落とす 떨어뜨리다
- □ ～よう(に) (동사 기본형·부정형에 붙어 기원을 나타냄) ~(하)도록
- □ 目を細くする 눈을 가늘게 뜨다
- □ 気をつける 주의(조심) 하다
- □ ～ながら (동사 ます형에 붙어 동시 동작을 나타냄) ~(하)면서
- □ 背中に組み合わせる 뒷짐을 지다 〈組み合わせる 마주 잡다, 조합하다〉
- □ ぶらぶら 어슬렁어슬렁
- □ ～たり～たりする ~거나 ~거나 하다

열여섯 명의 농부들이 얼굴이 완전히 새빨개지도록 발로 밟아서 기계를 돌리며, 작은 산처럼 쌓인 벼를 닥치는 대로 털어 간다. 볏짚은 자꾸자꾸 뒤쪽으로 던져져서 또 새로운 산이 된다.

그곳은 왕겨와 볏짚에서 일어난 작은 먼지 때문에 이상하게도 뿌옇게 노래져서 마치 사막의 모래 연기와 같다.

그 어두컴컴한 작업장을 오츠베르는 커다란 호박 담뱃대를 입에 물고 담뱃재가 볏짚에 떨어지지 않도록 눈을 가늘게 뜨고 조심하면서 양손으로 뒷짐을 지고 어슬렁어슬렁 왔다 갔다 한다.

2 ～ようだ ~같다 [동사 · い형용사의 보통형, 명사の+ようだ]

예를 들거나 어떤 것에 비유하여 나타낼 때 쓰는 표현으로, 주로 겉으로 보이는 것 즉, 눈으로 볼 수 있는 것이 많이 닮아 있는 경우에 쓰며 まるで～ようだ 형태로 많이 쓴다.

彼(かれ)はいつ見(み)ても、まるで外国人(がいこくじん)のようです。
그는 언제 봐도 마치 외국인 같습니다.

小屋はずいぶん頑丈で、学校ぐらいもある[3]のだが、なにせ新式稲こき器械が、六台もそろって回ってるから、のんのんのんのん震うのだ。中に入るとそのために、すっかり腹が空くほどだ[4]。そして実際オツベルは、そいつで上手に腹を減らし、昼飯時には、六寸ぐらいのビフテキだの[5]、ぞうきんほどあるオムレツの、ほくほくしたのを食べるのだ。

□小屋 작은 집, 오두막집
□頑丈だ 튼튼하다
□なにせ 어쨌든, 여하튼 〈なににせよ의 준말〉
□新式 신식
□そろう 갖춰지다
□回る 돌아가다
□震う 흔들리다, 떨리다
□すっかり 완전히
□腹が空く 배가 고프다
□そして 그리고, 그리고 나서
□実際 실제로
□そいつ 그것
□腹を減らす 배를 고프게 하다
□昼飯時 점심때
□～寸 ~치 〈길이를 재는 단위로 약 3cm임〉
□ビフテキ 비프스테이크
□ぞうきん 걸레
□～ほどある ~정도(만큼) 되다
□オムレツ 오믈렛
□ほくほく 수분이 적고 부드러우면서 따끈따끈한 모양

방앗간은 꽤 튼튼하고 학교만큼 크지만 어쨌든 신식 탈곡기가 여섯 대나 한꺼번에 돌아가고 있어서 '윙윙윙윙' 하며 흔들린다. 안으로 들어가면 그 때문에 배가 많이 고플 정도다. 그리고 실제로 오츠베르는 그렇게 함으로써 능숙하게 소화를 시켜 점심때는 여섯 치쯤 되는 비프스테이크라든가 걸레 정도 크기의 오믈렛을 따끈따끈하게 먹는다.

---

3 ~もある ~나 되다, ~정도 되다 [명사+もある]

거리, 길이, 높이, 무게 등을 나타낼 때 쓰는 표현으로, 여기서의 ある는 '그 만한 수량이 되다, 나가다'란 뜻이다.

あの山(やま)は高(たか)さが五千(ごせん)メートルもあります。
저 산은 높이가 5천 미터나 됩니다.

4 ~ほどだ ~할 정도이다 [동사 기본형 · 부정형+ほどだ]

어떤 상태의 정도가 높거나 심한 경우를 강조할 때 쓴다. ほど 앞에는 정도를 나타내는 말이 온다.

心配(しんぱい)になって、夜(よる)も眠(ねむ)れないほどです。
걱정이 되어 밤에도 잠을 못 잘 정도입니다.

5 ~だの ~(이)며, ~든 [동사 · い형용사 보통형, な형용사 어간, 명사+だの]

사물이나 상태의 나열을 나타내는 표현으로, 보통 ～だの～だの와 같이 반복하여 쓴다.

果物(くだもの)だのお菓子(かし)だの、たくさん買(か)いました。
과일이며 과자며 많이 샀습니다.

とにかく、そうして、のんのんのんのんやっていた。

そしたらそこへどういうわけか、その、白象(はくぞう)がやって来(き)た。白い象だぜ、ペンキを塗(ぬ)ったのでないぜ。どういうわけで来たかって？ そいつは象のことだから、たぶんぶらっと森(もり)を出て、ただなにとなく来たのだろう[6]。

- □ とにかく 어쨌든, 여하튼
- □ そうして 그렇게 하여, 그런 식으로, 그리고 나서, 그 다음에
- □ そしたら 그랬더니
- □ わけ 이유
- □ 白象 흰 코끼리
- □ やって来る 찾아오다
- □ ペンキ 페인트
- □ 塗る 바르다, 칠하다
- □ ～ぜ ~할 테다, ~할걸, ~할 거야 〈주로 남자들이 친한 사이에서 쓰는 말로, 자기 생각을 강하게 주장하거나 상대방에게 다짐을 받을 때 씀〉
- □ ～って ~고? 〈상대방의 질문에 대해 응대 · 반문할 때 씀〉
- □ ～のことだから (명사에 붙어 그것의 성격 · 행동 등에 근거하여 판단을 내릴 때 씀) ~이니까
- □ たぶん 아마, 아마도
- □ ぶらっと 훌쩍
- □ 森 숲
- □ なにとなく 무심코, 무심히 〈なんとなく의 준말〉

어쨌든 그렇게 '윙윙윙윙' 하고 있었다.

그러고 있으려니 그곳에 어찌된 일인지 흰 코끼리가 찾아왔다. 하얀 코끼리다. 페인트를 칠한 게 아니야. 무슨 일로 왔느냐고? 그건 코끼리이니까 아마 훌쩍 숲을 나와서 그냥 무심코 온 걸 거야.

---

6 ただ~だろう 단지(그냥) ~일 것이다

[ただ+동사 · い형용사 · な형용사 · 명사의 보통형+だろう]

ただ는 '단지, 그냥'이란 뜻으로 어떤 상황을 제한하거나 한정할 때 쓴다. 보통 뒤에는 추측을 나타내는 だろう가 와서 함께 쓰이는 경우가 많다.

彼(かれ)の行動(こうどう)はただいたずらだっただろう。
그의 행동은 그냥 장난이었을 것이다.

そいつが小屋の入口に、
ゆっくり顔を出したとき、
百姓どもはぎょっとした。

なぜぎょっとした？ よく聞くねえ、何をし出すか知れないじゃないか。かかり合っては大変だから、どいつもみな、一生懸命、自分の稲をこいていた。

ところがその時オツベルは、並んだ器械の後ろの方で、ポケットに手を入れながら、ちらっと鋭く象を見た。それからすばやく下を向き、何でもないというふうで[7]、今までどおり[8]行ったり来たりしていたもんだ。

- □ 入口 입구
- □ 顔を出す 얼굴을 내밀다
- □ ぎょっと 섬뜩, 오싹
- □ 知れる 알 수 있다 〈보통 부정형으로 많이 쓰임〉
- □ かかり合う 연루되다, 말려들다
- □ ～ては ~하면, ~해서는
- □ 大変だ 큰일이다, 힘들다
- □ どいつ 어떤 녀석
- □ みな 모두
- □ 一生懸命 열심히
- □ 自分 자기, 자신
- □ ところが 그러나, 그런데
- □ 並ぶ 나란히 놓다
- □ ポケット(pocket) 주머니
- □ 手を入れる 손을 넣다
- □ ちらっと 힐끗
- □ するどい 예리하다, 날카롭다
- □ それから 그리고
- □ すばやい 재빠르다, 민첩하다
- □ 下を向く 아래를 보다, 고개를 숙이다
- □ 何でもない 아무 것도 아니다
- □ ～もん ~것 = もの

코끼리가 작업장 입구로 천천히 얼굴을 내밀었을 때 농부들은 섬뜩했다. 왜 섬뜩했냐고? 좋은 질문이군, 무슨 짓을 할지 모르니까 그렇지. 코끼리와 연루되면 큰일나기 때문에 어느 누구도 모두 열심히 자기 벼를 털고 있었다.

그런데 그때 오츠베르는 나란히 놓여 있는 탈곡기 뒤쪽에서 주머니에 손을 넣으면서 힐끗 날카롭게 코끼리를 보았다. 그리고 재빨리 고개를 숙이고 아무 일도 아니란 듯이 지금까지와 마찬가지로 왔다 갔다 하고 있었던 것이다.

---

7 ～というふうで ~라는 듯이, ~라는 식으로
[동사 · い형용사 · 명사だ의 보통형+というふうで]
말을 좀 더 부드럽게 하기 위해 쓰는 표현으로, 여기서 ふう(風)는 '방식, 방법'이란 뜻이다.

これ以上(いじょう)は要(い)らないというふうで断(ことわ)られた。
더 이상은 필요 없다는 듯이 거절당했다.

8 ～とおり(に) ~대로 [동사 기본형 · た형, 명사の+とおり, 명사+どおり]
'~그대로, ~와 같은 상태임'을 나타내는 말로 명사에 바로 붙을 때에는 ～どおり가 된다.

あの店のラーメンは評判(ひょうばん)どおりおいしかった。
그 가게의 라면은 평판대로 맛있었다.

するとこんど今度(こんど)は白象が、片足(かたあし)床(ゆか)に上(あ)げたのだ。百姓どもはぎょっとした。それでも仕事が忙(いそが)しいし、かかり合(あ)ってはひどいから、そっちを見ずに[9]、やっぱり稲(いね)をこいていた。

オツベルは奥(おく)のうす暗(ぐら)いところで両手をポケットから出して、も一度ちらっと象を見た。それからいかにも退屈(たいくつ)そうに[10]、わざと大きなあくびをして、両手を頭の後ろに組(く)んで、行ったり来たりやっていた。

- □ すると 그러자
- □ 片足 한쪽 발
- □ 床 마루
- □ それでも 그래도
- □ ～し ~(하)고, ~(하)여
- □ ひどい 심하다, 혹독하다
- □ やっぱり 역시
- □ 奥 안, 구석
- □ 手を出す 손을 꺼내다
- □ も一度 한 번 더 〈もう一度의 준말〉
- □ ちらっと 힐끗
- □ いかにも 매우, 몹시
- □ 退屈だ 따분하다, 심심하다
- □ わざと 일부러, 고의로
- □ あくびをする 하품을 하다
- □ 手を組む 손을 잡다

그러자 이번에는 흰 코끼리가 한쪽 발을 마루에 올렸다. 농부들은 섬뜩했다. 그렇지만 일이 바쁘기도 하고 연루되면 곤란하기 때문에 그쪽을 보지 않고 역시 벼를 털고 있었다.

오츠베르는 안쪽의 어두컴컴한 곳에서 양손을 주머니에서 꺼내며 한 번 더 힐끗 코끼리를 보았다. 그리고 몹시 따분한 듯이 일부러 하품을 크게 하며 양손을 머리 뒤로 마주 잡고 왔다 갔다 하고 있었다.

---

9 ~ずに ~(하)지 않고, ~(하)지 말고 [동사 ない형+ずに]

부정을 뜻하는 ~ないで와 같은 뜻으로, する→せず, 来る→こず로 변화한다.

何(なに)も食べずに、学校へ行きました。
아무것도 먹지 않고 학교에 갔습니다.

10 ~そうだ ~일 것 같다, ~할 것 같다
[동사의 ます형, い형용사 · な형용사 어간+そうだ]

직접 눈으로 본 것 또는 느낀 것을 직감적으로 추측할 때 쓰는 표현이다.

あまりにも悲(かな)しくて、死(し)にそうです。 너무 슬퍼서 죽을 것 같습니다.

ところが象が威勢(いせい)よく、前足(まえあし)二つ突(つ)き出(だ)して、小屋(こや)に上(あ)がってこようとする。百姓(ひゃくしょう)どもはぎくっとし、オツベルも少しぎょっとして、大きな琥珀(こはく)のパイプから、ふっとけむりをはき出(だ)した。それでもやっぱり知らないふうで、ゆっくりそこらを歩(ある)いていた。

そしたらとうとう、象がのこのこ上がってきた。そして器械(きかい)の前のとこを、のんきに歩き始(はじ)めた[11]のだ。

- □ところが 그러나, 그런데
- □威勢よく 기세 좋게
- □前足 앞발
- □突き出す 내밀다
- □上がってくる 올라오다
- □ぎくっと 움찔
- □ふっと 후~ 〈의성어〉
- □けむり 연기 〈여기서는 담배 연기를 말함〉
- □はき出す 내뿜다
- □それでも 그래도
- □やっぱり 역시 〈やはり의 회화체 표현〉
- □そこら 그곳, 거기
- □そしたら 그랬더니
- □とうとう 드디어
- □のこのこ 태연스럽게
- □とこ 곳, 장소 〈ところ의 줄임말〉
- □のんきに 느긋하게

그런데 코끼리가 기세 좋게 앞발 두 개를 내밀어 작업장으로 들어오려고 한다. 농부들은 움찔했고 오츠베르도 조금 섬뜩해서 커다란 호박 담뱃대로 '후~' 하고 연기를 내뿜었다. 그래도 역시 모르는 척하면서 천천히 그 주변을 걷고 있었다.

그러자 드디어 코끼리가 태연스럽게 들어왔다. 그리고 탈곡기 앞을 느긋하게 걷기 시작한 것이다.

---

11 ～始める ～(하)기 시작하다 [동사 ます형+始める]

어떤 동작 · 행동을 막 시작하려고 할 때 쓰는 표현이다.

友(とも)だちに手紙(てがみ)を書(か)き始(はじ)めました。
친구한테 편지를 쓰기 시작했습니다.

ところがなにせ、器械(きかい)はひどく回(まわ)っていて、もみは夕立(ゆうだち)かあられのように、パチパチ象に当(あ)たるのだ。象はいかにもうるさいらしく[12]、小さなその目を細(ほそ)めていたが、またよく見ると、確(たし)かに少し笑(わら)っていた。

オツベルはやっと覚悟(かくご)を決(き)めて、稲(いな)こき器械の前に出て、象に話をしようとした[13]が、その時象が、とてもきれいな、うぐいすみたいな[14]いい声で、こんな文句(もんく)を言ったのだ。

- 夕立 소나기
- ~か ~인가, ~인지
- あられ 싸라기눈
- パチパチ 탁탁, 투닥투닥
- 当たる 맞다, 부딪히다
- いかにも 매우, 너무
- うるさい 시끄럽다
- 細める 가늘게 하다
- 確かに 확실히, 정확하게
- やっと 겨우, 간신히
- 覚悟を決める 각오하다
- うぐいす 휘파람새
- 文句を言う 불평하다

그렇지만 어쨌든 탈곡기는 엄청나게 돌아가고 있어서, 왕겨는 소나기나 싸라기처럼 '탁탁' 코끼리에게 맞았다. 코끼리는 몹시 성가시다는 듯이 작은 그 눈을 가늘게 뜨고 있었는데, 다시 잘 보니 분명히 살짝 웃고 있었다.

오츠베르는 겨우 각오를 하고 탈곡기 앞으로 나와 코끼리에게 말을 하려고 했는데, 그때 코끼리가 아주 예쁜 휘파람새와 같은 좋은 목소리로 이렇게 불평을 했다.

---

12 ~らしい ~것 같다, ~듯하다
[동사 · い형용사 · な형용사 · 명사의 보통형+らしい]

객관적인 정보 등에 근거한 말하는 사람의 판단 · 추정 등을 나타낸다.

天気予報(てんきよほう)によると明日は雨(あめ)らしいですよ。
일기예보에 따르면 내일은 비가 올 것 같아요.

13 ~(よ)うとする ~(하)려고 하다 [동사 의지형+(よ)うとする]

주어의 의지대로 어떤 일이나 행동을 하려고 할 때 쓰는 표현이다.

来週(らいしゅう)からは毎朝(まいあさ)ジョギングをしようとします。
다음 주부터는 매일 아침 조깅을 하려고 합니다.

14 ~みたいだ ~같다 [동사 · い형용사의 기본형, な형용사 어간, 명사+みたいだ]

비교, 추량, 예시 등을 나타내는데 주로 회화에서 많이 쓴다.

この城(しろ)の内部(ないぶ)はパズルみたいですね。 이 성의 내부는 퍼즐 같군요.

「ああ、だめだ。あんまりせわしく、砂(すな)がわたしの歯(は)に当(あ)たる。」

全(まった)くもみは、パチパチパチパチ歯に当たり、また真(ま)っ白(しろ)な頭や首(くび)にぶっつかる。

さあ、オツベルは命(いのち)がけだ。パイプを右手(みぎて)に持(も)ち直(なお)し、度胸(どきょう)をすえてこう言った。

「どうだい*、ここはおもしろいかい*。」

「おもしろいねえ。」 象が体(からだ)をななめにして、目を細(ほそ)くして返事(へんじ)した。

「ずうっとこっちにいたらどうだい。」

- □ だめだ 안 된다, 불가능하다
- □ あんまり 너무 〈あまり의 변한말〉
- □ せわしい 바쁘다, 성급하다
- □ 砂 모래
- □ 全く 참으로, 정말
- □ ぶっつかる 부딪치다 〈ぶつかる의 힘줌말〉
- □ さあ 자, 어서
- □ 命がけ 목숨을 걺, 결사적임
- □ 持ち直す 고쳐 들다, 고쳐 잡다
- □ 度胸をすえる 배짱을 부리다
- □ ななめにする 비스듬히 하다, 비스듬히 기울이다
- □ 返事する 답장하다, 대답하다
- □ ずうっと 쭉, 계속 〈ずっと의 힘줌말〉

"아아, 안 되겠어. 너무 바쁘고 모래가 내 이빨에 부딪쳐."

정말로 왕겨는 '탁탁탁탁' 이빨에 부딪치고 또 새하얀 머리와 목에 부딪친다.

자, 오츠베르는 목숨을 걸었다. 담뱃대를 오른손에 바꿔 들고 배짱을 부리며 이렇게 말했다.

"어때? 여기가 재미있냐?"

"재미있어." 코끼리는 몸을 비스듬히 하고 눈을 가늘게 뜨며 대답했다.

"계속 여기 있는 게 어때?"

* ~だい ~느냐? / ~かい ~니?

~だい는 의문을 나타내는 말에 붙어 친밀감을 담아 조금 부드럽게 물을 때 쓰며, ~かい는 문장 끝에서 질문이나 반문의 뜻을 강조할 때 쓴다.

百姓どもははっとして、息(いき)を殺(ころ)して象を見た。オツベルは言ってしまってから、にわかにがたがた震(ふる)え出(だ)す。ところが象はけろりとして、

「いてもいいよ。」 と答えたもんだ。

「そうか。それではそうしよう。そういうことにしようじゃないか。」 オツベルが顔をくしゃくしゃにして、真(ま)っ赤(か)になって喜(よろこ)びながらそう言った。

どうだ、そうしてこの象は、もうオツベルの財産(ざいさん)だ。今に見たまえ*、オツベルは、あの白象を、働(はたら)かせるか、サーカス団(だん)に売(う)り飛(と)ばすか、どっちにしても万円以上(まんえんいじょう)もうけるぜ。

- □ はっと 깜짝, 화들짝
- □ 息を殺す 숨을 죽이다
- □ ~てから ~(하)고 나서
- □ にわかに 갑자기
- □ がたがた 부들부들
- □ 震え出す 떨기 시작하다
- □ けろりと 천연덕스럽게, 언제 그랬냐는 듯이
- □ そういう 그러한, 그와 같은
- □ ~(よ)うじゃないか ~(하)지 않을래, ~(하)자 〈권유를 나타냄〉
- □ くしゃくしゃ 구겨진 모양, 꼬깃꼬깃
- □ 喜ぶ 기뻐하다
- □ 財産 재산
- □ 働かせる 일을 시키다
- □ サーカス団 서커스단
- □ 売り飛ばす 팔아넘기다
- □ もうける 돈을 벌다, 벌어들이다 〈もうかる 벌리다, 벌이가 되다〉

농부들은 깜짝 놀라서 숨을 죽이고 코끼리를 보았다. 오츠베르는 말해 버리고 나서는 갑자기 부들부들 떨기 시작한다. 하지만 코끼리는 아무렇지도 않다는 듯이,

"있어도 좋아."라고 대답한 것이다.

"그래? 그럼 그렇게 하자. 그렇게 하지 뭐." 오츠베르는 얼굴이 일그러질 정도로 새빨개져서 기뻐하며 그렇게 말했다.

어때? 그렇게 해서 이 코끼리는 이제 오츠베르의 재산이다. 두고 보게, 오츠베르는 저 흰 코끼리를 일을 시킬지 서커스단에 팔아넘길지, 어느 쪽이든 만 엔 이상 벌어들일 거야.

---

15 ~か~か ~지 ~지 [동사 · い형용사의 보통형, な형용사 어간, 명사+か]

두 가지 이상의 상황 속에서 어느 한쪽으로 결정하지 못하여 선택을 하려고 할 때 쓰는 표현이다.

雑誌(ざっし)を買(か)うか、借(か)りるか、迷(まよ)っています。
잡지를 살지 빌릴지, 고민하고 있습니다.

★ ~たまえ

기본형은 たまう로, 동사 ます형에 붙어 명령의 뜻을 나타낸다. 주로 남자들이 동년배나 손아랫사람에게 가벼운 경의나 친근감을 담아 부드럽게 말할 때 많이 쓴다.

この雑誌(ざっし)を読みたまえ。 이 잡지를 읽어 보게나.

第二日曜(だいにちよう)

オツベルときたら大(たい)したもんだ。それにこの前(まえ)稲(いな)こき小屋(ごや)で、うまく自分(じぶん)のものにした、象も実際(じっさい)大したもんだ。力(ちから)も二十馬力(にじゅうばりき)もある。第一(だいいち)見(み)かけが真(ま)っ白(しろ)で、牙(きば)は全体(ぜんたい)きれいな象牙(ぞうげ)でできている。皮(かわ)も全体、立派(りっぱ)で丈夫(じょうぶ)な象皮(ぞうひ)なのだ。そしてずいぶん働(はたら)くもんだ。けれどもそんなに稼(かせ)ぐのも、やっぱり主人(しゅじん)が偉(えら)いのだ。

- □ 稲こき小屋 탈곡장
- □ うまく 능숙하게, 수완 좋게
- □ 力 힘
- □ 馬力 마력:동력이나 일의 양을 나타내는 단위, 말 한마리의 힘에 해당하는 양을 말함
- □ 第一 무엇보다
- □ 見かけ 겉모습, 외양 〈人は見かけによらない 사람은 겉모습만으로는 알 수 없다〉
- □ 牙 어금니
- □ 全体 전체, 전부
- □ 象牙 상아
- □ 皮 가죽
- □ 丈夫だ 튼튼하다
- □ 象皮 코끼리 가죽
- □ ずいぶん 꽤, 상당히
- □ 働く 일하다
- □ 稼ぐ 돈을 벌다
- □ 偉い 훌륭하다

둘째 일요일

오츠베르로 말할 것 같으면 대단한 사람이다. 게다가 요전에 탈곡장에서 수완 좋게 자기 것으로 만든 코끼리도 실제로 대단한 녀석이다. 힘도 20마력이나 된다. 무엇보다 외양이 새하얗고 어금니는 전부 예쁜 상아로 되어 있다. 가죽도 전부 훌륭하고 튼튼한 코끼리 가죽이다. 그리고 꽤 일을 잘한다. 하지만 그렇게 돈을 버는 것도 역시 주인이 훌륭하기 때문인 것이다.

「おい、お前(まえ)は時計(とけい)は要(い)らないか。」 丸太(まるた)で建(た)てたその象小屋(ぞうごや)の前に来て、オツベルは琥珀(こはく)のパイプをくわえ、顔をしかめてこう聞いた。

「ぼくは時計は要らないよ。」 象が笑って返事(へんじ)した。

「まあ持(も)って見ろ、いいもんだ。」 こう言いながらオツベルは、ブリキ[*]でこさえた大きな時計を、象の首(くび)からぶら下(さ)げた。

「なかなかいいね。」 象も言う。

「鎖(くさり)もなくちゃだめだろう[16]。」 オツベルときたら、百(ひゃっ)キロもある鎖をさ、その前足(まえあし)にくっつけた。

「うん、なかなか鎖はいいね。」 三足(みあし)歩いて象が言う。

□ おい 이봐, 야
□ お前 너 〈상대방을 낮춰서 부르는 말〉
□ 要る 필요하다
□ 丸太 통나무
□ 建てる 세우다
□ 象小屋 코끼리 우리
□ 顔をしかめる 얼굴을 찡그리다
□ こさえる 만들다 〈こしらえる의 준말〉
□ ぶら下げる (걸어서) 매달다
□ なかなか 상당히, 굉장히
□ 鎖 사슬
□ キロ 킬로그램 〈キログラム의 준말〉
□ ～さ ~말이야, ~말이지 〈어조를 고르거나 상대의 주의를 끌려고 할 때 씀〉
□ くっつける 달다, 붙이다
□ 三足 세 걸음 〈二足(ふたあし) 두 걸음〉

“이봐, 넌 시계가 필요 없냐?” 통나무로 세운 그 코끼리 우리 앞에 와서 오츠베르는 호박 담뱃대를 입에 물고 얼굴을 찡그리며 이렇게 물었다.

“난 시계는 필요 없어.” 코끼리는 웃으며 대답했다.

“한번 차 봐, 좋을 거야.” 이렇게 말하면서 오츠베르는 양철로 만든 커다란 시계를 코끼리의 목에 걸었다.

“꽤 괜찮군!” 코끼리도 말한다.

“사슬도 있어야지.” 오츠베르는 백 킬로그램이나 되는 사슬을 그 앞발에 달았다.

“음, 사슬도 꽤 괜찮군.” 세 걸음 걷고 코끼리가 말한다.

---

16 ～ちゃだめだ ～(하)면 안 된다 [동사 て형, い형용사 く형+ちゃだめだ]

어떤 행동이나 동작을 해서는 안 된다는 금지를 나타내는 표현으로, ～ちゃ는 ～ては의 회화체 축약형이다.

となりの人(ひと)とおしゃべりをしちゃだめです。
옆 사람과 수다를 떨면 안 됩니다.

*** ブリキ**

네덜란드어 blik(블리크)에서 온 말로, 얇은 철판에 주석을 입혀서 만든 것이다.

「靴(くつ)をはいたらどうだろう。」

「ぼくは靴などはかないよ。」

「まあはいてみろ、いいもんだ。」 オツベルは顔をしかめながら、赤(あか)い張(は)り子(こ)[*]の大きな靴を、象の後ろのかかとにはめた。

「なかなかいいね。」 象も言う。

「靴に飾(かざ)りをつけなくちゃ[17]。」 オツベルはもう大急(おおいそ)ぎで、四百(よんひゃく)キロある分銅(ふんどう)を、靴の上から、はめ込(こ)んだ。

「うん、なかなかいいね。」 象は二足(ふたあし)歩いてみて、さもうれしそうにそう言った。

□靴をはく 구두(신발)를 신다
□かかと 발굽, 뒤꿈치
□はめる 끼우다, 채우다
□飾りをつける 장식을 붙이다(달다)
□大急ぎ 매우 바쁨, 아주 급함, 급히 서두름
□分銅 분동, 저울 등에 무게를 달 때 쓰는 추, 저울추
□はめ込む 끼워 넣다
□さも 매우, 마치

"구두를 신으면 어떨까?"

"난 구두 같은 건 안 신어."

"한번 신어 봐, 좋을 거야." 오츠베르는 얼굴을 찡그리면서 커다랗고 빨간 종이세공 구두를 코끼리의 뒤꿈치에 신겼다.

"꽤 괜찮군!" 코끼리도 말한다.

"구두에 장식을 달아야겠네." 오츠베르는 아주 급하게 4백 킬로그램이나 되는 저울추를 구두 위에 끼워 넣었다.

"음, 꽤 괜찮군!" 코끼리는 두 걸음 걸어 보고는 무척 기쁜 듯이 그렇게 말했다.

---

17 **～なくちゃ ~(하)지 않으면 안 된다, ~(해)야만 한다** [동사 ない형+なくちゃ]

반드시 꼭 해야 한다는 의무를 나타내는 표현으로 뒤에 いけない 또는 ならない가 생략되어 있는데, 보통 회화에서는 줄여서 말한다.

成績(せいせき)が落(お)ちましたね。もっと頑張(がんば)らなくちゃ。
성적이 떨어졌군요. 더 열심히 노력해야겠네.

★ 張り子

틀에 종이를 여러 겹 붙여 말린 뒤 그 틀을 빼내어 만든 종이 세공.

次(つぎ)の日(ひ)、ブリキの大きな時計と、やくざな*紙(かみ)の靴とは破(やぶ)け、象は鎖と分銅だけで、大喜(おおよろこ)びで歩いておった。

「すまないが税金(ぜいきん)も高いから、今日はすこうし、川(かわ)から水(みず)をくんでくれ。」 オツベルは両手(りょうて)を後ろで組(く)んで、顔をしかめて象に言う。

「ああ、ぼく水をくんでこよう。もう何杯(なんばい)でもくんでやる[18]よ。」

象は目を細(ほそ)くして喜んで、その昼過(ひるす)ぎに五十だけ、川から水をくんできた。そして菜(な)っ葉(ぱ)の畑(はたけ)にかけた。

夕方(ゆうがた)象は小屋にいて、十把(じっぱ)のわらを食べながら、西(にし)の三日(みっか)の月(つき)を見て、

「ああ、稼(かせ)ぐのは愉快(ゆかい)だねえ、さっぱりするねえ。」と言っていた。

- □やくざだ 가치가 없다, 쓸모 없다
- □紙 종이
- □破ける 찢어지다
- □大喜び 크게 기뻐함
- □～ておる ～(하)고 있다 〈동작 · 상태의 계속을 나타냄〉
- □すまない 미안하다 〈すみません보다 거친 표현〉
- □税金 세금
- □すこうし 조금 〈すこし의 힘줌말〉
- □水をくむ 물을 긷다
- □～杯 ～잔, ～컵, ～통
- □昼過ぎ 점심때가 지남
- □～だけ ～만큼, ～까지
- □菜っ葉 나물 잎, 푸성귀의 잎
- □畑 밭
- □かける 뿌리다, 끼얹다
- □夕方 저녁때
- □～把 ～단, ～묶음, ～다발 〈묶은 것을 셀 때 쓰는 조수사〉
- □三日の月 초사흘 달
- □愉快だ 유쾌하다
- □さっぱりする 상쾌하다

다음 날 커다란 양철 시계와 조잡한 종이 구두는 망가지고, 코끼리는 사슬과 저울추만 달고서 매우 기뻐하며 걷고 있었다.

“미안하지만 세금도 비싸니까 오늘은 강에서 물을 조금 길어다 줘.” 오츠베르는 뒷짐을 지고 얼굴을 찡그리며 코끼리에게 말한다.

“그래, 내가 물을 길어 올게. 몇 통이라도 길어다 줄게.”

코끼리는 눈을 가늘게 뜨고 기뻐하며 그날 점심때가 지나도록 50번 정도 강에서 물을 길어 왔다. 그리고는 채소밭에 뿌렸다.

저녁때 코끼리는 우리에서 열 단의 볏짚을 먹으면서 서쪽 하늘에 떠 있는 초사흘 밤의 달을 보며,

“아아, 돈 버는 건 유쾌한 일이네, 상쾌하군!” 이라고 말했다.

---

18 ～てやる ～해 주다 [동사 て형+やる]

내가 남에게 또는 남이 남에게 뭔가를 해 주는 경우에 쓰는 말로, 말하는 사람보다 어리거나 직위 · 신분이 낮은 사람, 또 식물이나 동물에게 쓴다.

弟(おとうと)におもちゃを買(か)ってやりました。
남동생에게 장난감을 사 주었습니다.

＊ やくざ

さんまい(三枚)라는 도박을 할 때 八(ヤ) · 九(ク) · 三(サ)의 점이 나오면 진다는 것에서 유래한 말로, 주로 조잡하고 쓸모가 없는 것 또는 매우 보잘 것 없는 것을 가리킨다.

「すまないが税金がまた上(あ)がる。今日はすこうし、森(もり)から、薪(たきぎ)を運(はこ)んでくれ。」 オツベルは房(ふさ)のついた赤い帽子(ぼうし)をかぶり、両手をかくしに突(つ)っ込(こ)んで、次の日象にそう言った。

「ああ、ぼく薪を持(も)ってこよう。いい天気(てんき)だねえ。ぼくはぜんたい森へ行くのは大好(だいす)きなんだ。」 象は笑ってこう言った。

オツベルは少しぎょっとして、パイプを手から危(あぶ)なく落(お)としそうにしたが、もうその時は、象がいかにも愉快なふうで、ゆっくり歩(ある)き出(だ)したので、また安心(あんしん)してパイプをくわえ、小さな咳(せき)を一つして、百姓どもの仕事の方(ほう)を見にいった。

- □ 森 숲
- □ 薪 장작
- □ 運ぶ 운반하다, 나르다
- □ 房 실을 묶어 만든 술, 방울, 수술 〈ふさをつける 방울을 달다〉
- □ 帽子をかぶる 모자를 쓰다
- □ かくし 호주머니
- □ 突っ込む 쑤셔 넣다, 질러 넣다, 날카롭게 지적하다, 몰두하다
- □ 持ってくる 가져 오다
- □ ぜんたい 원래, 애초
- □ 危なく 하마터면
- □ 歩き出す 걷기 시작하다
- □ 安心する 안심하다
- □ 咳をする 기침을 하다

“미안하지만 세금이 또 올라. 오늘은 숲에서 장작을 조금 날라다 줘.” 오츠베르는 술이 달린 빨간 모자를 쓰고 양손을 호주머니에 찔러 넣은 채 다음 날 코끼리에게 그렇게 말했다.

“응, 내가 장작을 가지고 올게. 날씨가 좋네. 난 원래 숲에 가는 것을 아주 좋아하거든.” 코끼리는 웃으며 이렇게 말했다.

오츠베르는 조금 흠칫해서 하마터면 담뱃대를 손에서 떨어뜨릴 뻔했지만, 이미 그때는 코끼리가 아주 유쾌하다는 듯이 천천히 걷기 시작했기 때문에 다시 안심하고는 담뱃대를 입에 물고 작은 기침을 한번 하고 농부들이 일하는 것을 보러 갔다.

その昼過ぎの半日(はんにち)に、象は九百把(きゅうひゃっぱ)薪(たきぎ)を運(はこ)び、目を細(ほそ)くして喜(よろこ)んだ。

晩方(ばんがた)象は小屋にいて、八把(はっぱ)のわらを食べながら、西(にし)の四日(よっか)の月を見て、

「ああ、せいせいした。サンタマリア。」とこう独(ひと)り言(ごと)したそうだ[19]。

- 半日 한나절
- 晩方 저녁 무렵 〈夕方(ゆうがた) 저녁때, 夕暮(ゆうぐ)れ 해 질 무렵, 明(あ)け方(がた) 해 뜰 무렵〉
- 四日の月 초나흘의 달
- せいせいする 상쾌하다, 마음에 걸리는 일이 없이 개운하다, 산뜻하다
- サンタマリア 성모 마리아
- 独り言 혼잣말, 독백

그날 점심때가 지난 오후 나절에 코끼리는 9백 단의 장작을 나르고는 눈을 가늘게 뜨며 기뻐했다.

저녁때 코끼리는 우리에서 여덟 단의 볏짚을 먹으면서 서쪽 하늘에 떠 있는 초나흘 밤의 달을 보며,

"아아, 기분이 산뜻해요. 성모 마리아님!" 하고 이렇게 혼잣말을 했다고 한다.

---

19 ~そうだ ~라고 한다 [동사 · い형용사 · な형용사 · 명사だ의 보통형+そうだ]

다른 곳에서 들은 사실을 상대방에게 있는 그대로 전달할 때 쓰는 표현이다.

彼女(かのじょ)は日本語(にほんご)が上手(じょうず)だそうです。
그녀는 일본어를 잘한다고 합니다.

その次の日だ。

「すまないが、税金が五倍(ごばい)になった。今日はすこうし鍛冶場(かじば)へ行って、炭火(すみび)を吹(ふ)いてくれないか。」

「ああ、吹いてやろう。本気(ほんき)でやったら、ぼく、もう、息(いき)で、石(いし)も投(な)げ飛(と)ばせるよ。」

オツベルはまたどきっとしたが、気(き)を落(お)ち着(つ)けて笑っていた。

象はのそのそ鍛冶場へ行って、べたんと足(あし)を折(お)って座(すわ)り、ふいごの代(か)わりに[20]半日炭(すみ)を吹いたのだ。

- □～倍 ～배
- □鍛冶場 대장간
- □炭火 숯불
- □吹く 불다
- □本気で 힘껏, 진심으로
- □息 숨, 호흡
- □石 돌
- □投げ飛ばす (던져서) 날리다
- □どきっとする 움찔하다
- □気を落ち着ける 마음을 가라앉히다, 진정시키다
- □のそのそ 느리고 둔하게 행동하는 모양, 어슬렁어슬렁, 느릿느릿
- □べたんと 털썩
- □折る 접다, 구부리다
- □ふいご 대장간의 풀무 =ふいごう

그 다음 날이다.

"미안하지만 세금이 다섯 배가 되었어. 오늘은 대장간에 가서 숯불을 조금만 불어 주지 않을래?"

"응, 불어 줄게. 힘껏 불면 난 뭐 입김으로 돌도 날려 보낼 수 있어."

오츠베르는 또 움찔했지만 마음을 가라앉히고 웃고 있었다.

코끼리는 어슬렁어슬렁 대장간으로 가서 털썩 다리를 구부리고 앉아 풀무 대신 반나절 동안 숯을 불었다.

---

20 ~の代わりに ~대신에 [명사+の代わりに]

앞에 오는 명사가 해야 할 일을 대신하다는 뜻으로, 代(か)わる(대신하다)에서 온 표현이다.

部長(ぶちょう)の代(か)わりに、出張(しゅっちょう)に行きました。
부장님을 대신하여 출장을 갔습니다.

その晩(ばん)、象は象小屋(ぞうごや)で、七把(ななわ)のわらを食(た)べながら、空(そら)の五日(いつか)の月を見て、

「ああ、疲(つか)れたな、うれしいな、サンタマリア。」とこう言った。

どうだ、そうして次の日から、象は朝(あさ)から稼(かせ)ぐのだ。わらも昨日(きのう)はただ五把(ごわ)だ。よくまあ、五把のわらなどで、あんな力(ちから)が出(で)るもんだ。

実際(じっさい)、象は経済(けいざい)だよ。それというのもオツベルが、頭(あたま)がよくて偉(えら)いためだ。オツベルときたら大したもんさ。

- □ 五日の月 초닷새의 달
- □ うれしい 기쁘다
- □ ただ 단지, 그냥
- □ よくまあ 용케도, 잘도
- □ 力が出る 힘이 나오다
- □ 実際 실제로
- □ ～もんだ (동사 · い형용사의 보통형, な형용사な에 붙어 놀람과 감탄을 나타냄) ~구나 ＝ものだ
- □ 経済だ 경제적이다
- □ 頭がいい 머리가 좋다
- □ ～ためだ ~기 때문이다 〈어떤 결과에 관한 이유나 원인을 나타냄〉
- □ ～さ ~이야, ~말이야 〈가벼운 단언〉

그날 밤, 코끼리는 우리에서 일곱 단의 볏짚을 먹으면서 하늘에 떠 있는 초닷새 밤의 달을 보며,

"아아, 피곤하지만, 기뻐요, 성모 마리아님!" 하고 말했다.

어때? 그리하여 다음날부터 코끼리는 아침부터 돈벌이를 한다. 볏짚도 어제는 다섯 단밖에 못 먹었다. 용케도 다섯 단의 볏짚만 먹고 저런 힘이 나오네.

실제로 코끼리는 경제적이야. 그것도 다 오츠베르가 머리가 좋고 훌륭하기 때문이지. 오츠베르로 말할 것 같으면 대단한 사람이거든.

★ 頭(あたま)와 관련된 많이 쓰이는 표현

頭が古(ふる)い 고지식하다, 구식이다
頭が高(たか)い 거만하다, 고자세로 나오다
頭が低(ひく)い 겸손하다, 고분고분하다
頭を抱(かか)える 고민하다, 걱정하다
頭に来(く)る 화가 나다

第五日曜(だいごにちよう)

オツベルかね、そのオツベルは、俺(おれ)も言おうとしてたんだが、いなくなったよ。

まあ落ち着いて*聞きたまえ。前に話したあの象を、オツベルは少しひどくし過(す)ぎた[21]。仕方(しかた)がだんだんひどくなったから、象がなかなか笑わなくなった。時には赤い竜(りゅう)の目をして、じっとこんなにオツベルを見下(みお)ろすようになってきた。

ある晩、象は象小屋で、三把(さんば)のわらを食べながら、十日(とおか)の月を仰(あお)ぎ見て、

「苦(くる)しいです。サンタマリア。」と言ったということだ[22]。

- 俺 나 〈남자들이 동년배나 손아랫사람에게 씀〉
- ～くなる (い형용사 어간에 붙어) ~어지다
- 前に 전에, 예전에
- 仕方 방법, 수단, 처신
- 竜 용
- じっと 가만히
- 見下ろす 위에서 내려다보다, 깔보다
- ～ようになる (동사 기본형·부정형에 붙어) ~(하)게 되다
- 十日の月 초열흘의 달
- 仰ぎ見る 올려다보다
- 苦しい 괴롭다, 고통스럽다

다섯째 일요일

오츠베르 말이야? 나도 말하려고 했는데 그 오츠베르는 없어졌어.

자, 차분하게 잘 들어. 전에 얘기한 그 코끼리를 오츠베르는 좀 너무 심하게 다뤘어. 하는 짓이 점점 심해졌기 때문에 코끼리가 좀처럼 웃지 않게 되었지. 때로는 빨간 용의 눈을 하고서 가만히 이렇게 오츠베르를 내려다보듯이 하게 되었어.

어느 날 밤, 코끼리는 우리에서 세 단의 볏짚을 먹으면서 초열흘 밤의 달을 올려다보며,

"괴로워요. 성모 마리아님!"이라고 말했다고 한다.

21 ~過ぎる 너무 ~(하)다 [동사 ます형+過ぎる]

어떤 상황의 정도가 기준보다 초과된 경우에 쓰는 표현이다.

お酒(さけ)を飲(の)み過(す)ぎて、頭(あたま)が痛(いた)いです。
술을 너무 많이 마셔서, 머리가 아픕니다.

22 ~ということだ ~라고 한다, ~라고 들었다
[동사 · い형용사 · な형용사 · 명사だ의 보통형+ということだ]

어떤 사실을 객관적으로 전달하는 전문을 나타낸다.

バス料金(りょうきん)を値上(ねあ)げするということです。
버스요금을 인상한다고 들었습니다.

★ 落ち着く

'가라앉다, 차분해지다, 침착해지다, 안정되다'란 뜻으로 주로 사람의 감정을 나타낸다. 비슷한 표현으로 落(お)ち込(こ)む가 있는데, '우울하다, 맥이 빠지다'란 뜻으로, 주로 부정적이고 나쁜 상태를 나타내는 경우에 쓴다.

こいつを聞いたオツベルは、ことごと象につらくした。

ある晩、象は象小屋で、ふらふら倒(たお)れて地(じ)べたに座り、わらも食べずに、十一日(じゅういちにち)の月を見て、

「もう、さようなら、サンタマリア。」と、こう言った。

「おや、何だって？ さよならだ？」月がにわかに象に聞く。

「ええ、さよならです。サンタマリア。」

「何(なん)だい、なりばかり大きくて、からっきし意気地(いくじ)のないやつだなあ。仲間(なかま)へ手紙(てがみ)を書いたらいいや。」月が笑ってこう言った。

「お筆(ふで)も紙(かみ)もありませんよう。」象は細(ほそ)ういきれいな声で、しくしくしくしく泣(な)き出(だ)した。

- □ ことごと 사사건건
- □ つらくする 괴롭히다
- □ ふらふら 비틀비틀, 휘청휘청
- □ 倒れる 쓰러지다, 넘어지다
- □ 地べた 땅바닥
- □ なり 모양, 형상, 몸집, 몸매, 옷차림
- □ ～ばかり ~만, ~뿐
- □ からっきし (뒤에 오는 부정 표현을 강조하며) 전혀, 조금도, 아주 ＝からきし
- □ 意気地 기개, 패기 〈意気地がない 기개(패기)가 없다〉
- □ やつ 녀석, 놈
- □ 仲間 친구
- □ お筆 붓 〈お는 미화어〉
- □ 細うい 가늘다 〈공통어는 細い임〉
- □ しくしく 훌쩍훌쩍
- □ 泣き出す 울기 시작하다

이 말을 들은 오츠베르는 사사건건 코끼리에게 심하게 대했다.

어느 날 밤, 코끼리는 우리에서 비틀비틀 쓰러져서 땅바닥에 앉아 짚도 먹지 않고 열하루 날 밤의 달을 보며,

"이제 안녕! 성모 마리아님!" 하고 이렇게 말했다.

"응? 뭐라고? 안녕이라고?" 달이 갑자기 코끼리에게 묻는다.

"네, 안녕이에요. 성모 마리아님!"

"뭐야? 덩치만 커가지고 도무지 패기가 없는 녀석이군. 친구들한테 편지를 쓰면 되잖아." 달이 웃으며 이렇게 말했다.

"붓도 종이도 없어요." 코끼리는 가늘고 예쁜 목소리로 훌쩍훌쩍 울기 시작했다.

「そら、これでしょう。」 すぐ目の前で、かあいい子どもの声がした。象が頭を上げて見ると、赤い着物の童子(どうじ)*が立って、すずりと紙(かみ)をささげていた。象は早速(さっそく)手紙(てがみ)を書いた。

「ぼくはずいぶん目(め)にあっている。みんなで出てきて助(たす)けてくれ。」

童子はすぐに手紙を持って、林の方へ歩いていった。

赤衣(しゃくえ)の童子が、そうして山に着いたのは、ちょうど昼(ひる)飯(めし)ごろだった。この時、山の象どもは、沙羅樹(さらじゅ)*の下の暗(くら)がりで、碁(ご)などをやっていたのだが、額(ひたい)を集(あつ)めてこれを見た。

「ぼくはずいぶん目にあっている。みんなで出てきて助(たす)けてくれ。」

- □ そら 그것은 〈それは의 준말〉
- □ かあいい 귀엽다 〈かわいい의 회화체 표현〉
- □ 声がする 목소리가 들리다
- □ 頭を上げる 머리를 들다
- □ 童子 동자
- □ すずり 벼루
- □ ささげる 받쳐 들다
- □ 早速 당장
- □ ずいぶんだ 짓궂다, 심하다
- □ 目にあう 일을 당하다
- □ 助ける 돕다, 구하다
- □ 赤衣 적의, 빨간 옷
- □ ちょうど 마침
- □ 昼飯ごろ 점심때
- □ 暗がり 어두운 곳
- □ 碁 바둑
- □ 額 이마
- □ 集める 모으다
- □ 額を集める 이마를 맞대다

"그건 여기 있습니다." 바로 눈앞에서 귀여운 아이의 목소리가 들렸다. 코끼리가 머리를 들어 보니 빨간 옷을 입은 동자가 서서 벼루와 종이를 손에 들고 있었다. 코끼리는 당장 편지를 썼다.

"나는 너무 힘든 일을 겪고 있어. 모두 와서 도와 줘."

동자는 곧장 편지를 가지고 숲 쪽으로 걸어갔다.

빨간 옷을 입은 동자가 그렇게 산에 도착한 것은 마침 점심때였다. 이때 산에 있는 코끼리들은 사라수 아래의 그늘에서 바둑 같은 것을 두고 있었는데 서로 이마를 맞대고 편지를 보았다.

"나는 너무 힘든 일을 겪고 있어. 모두 와서 도와 줘."

★ 赤い着物の瞳子

불교 경전에 나오는 보살의 종자(從者)로, 빨간 옷을 입은 나이 어린 동자를 말한다.

★ 沙羅樹

인도가 원산지인 상록수로 높이는 무려 30미터에 달하고 3월에 엷은 노란색 꽃을 피운다. 열매는 식용으로, 목재는 가구나 건축재로 많이 쓰인다. 沙羅双樹(さらそうじゅ)라고도 한다.

象は一斉に立ち上がり、真っ黒になってほえ出した。

「オツベルをやっつけよう。」議長の象が高く叫ぶと、

「おう、出かけよう。グララアガア、グララアガア。」

みんなが一度に呼応する。

さあ、もうみんな、嵐のように林の中を鳴き抜けて、グララアガア、グララアガア、野原の方へ飛んでいく。小さな木などは根こぎになり、やぶやなんかもめちゃめちゃだ。グワア　グワア　グワア　グワア、花火みたいに野原の中へ飛び出した。それから、何の、走って、走って、とうとう向こうの青くかすんだ野原の果て*に、オツベルのやしきの黄色な屋根を見つけると、象は一度に噴火した。

- 一斉に 일제히, 모두
- 立ち上がる 일어서다
- ほえ出す 짖기 시작하다, 으르렁대기 시작하다
- やっつける 혼내주다, 해치우다
- 議長 의장
- 叫ぶ 외치다, 소리치다
- 呼応する 호응하다
- 嵐 폭풍우
- 鳴き抜ける 울부짖으며 나가다
- 野原 들판
- 根こぎになる 뿌리째 뽑히다
- やぶ 덤불
- ～やなんかも ~든 뭐든
- めちゃめちゃだ 엉망진창이다
- 花火 불꽃놀이
- 飛び出す 달려나가다
- 走る 달리다
- とうとう 드디어
- 向こう 건너편
- かすむ 안개가 끼다, 부옇게 보이다
- やしき 대지, 저택, 고급 저택
- 屋根 지붕
- 見つける 발견하다
- 噴火する 분노가 폭발하다

코끼리는 일제히 일어서서 새까맣게 모여들어 으르렁대기 시작했다.

"오츠베르를 해치우자!" 의장 코끼리가 소리 높여 외치자,

"그래, 나가자. 우와~! 우와~!" 모두가 한꺼번에 호응한다.

자, 이제 모두가 폭풍우처럼 숲속을 울부짖으며 뛰어나가 "우와~! 우와~!" 하며 들판 쪽으로 달려간다. 작은 나무 따위는 뿌리째 뽑히고 덤불이든 뭐든 엉망진창이 되었다. "우와~! 우와~!" 하며 불꽃놀이처럼 들판 속으로 달려나갔다. 그러고 나서는 달리고 또 달려서 마침내 건너편에 파랗게 안개가 낀 들판 끝에서 오츠베르 집의 노란 지붕을 발견하자 코끼리들은 일제히 분노가 폭발했다.

★ 果て

끝 · 한계 · 경계를 나타내는데 ～の果(は)て의 형태로 '~의 끝'이라고 해석한다. 앞에는 주로 산 · 들 · 바다 · 하늘 같은 자연을 나타내는 명사가 온다. 뒤에 ～に나 ～まで를 붙여 쓰기도 한다.

この世(よ)の果(は)てに 이 세상 끝에

世界(せかい)の果(は)てまで 세계 끝까지

グララアガア、グララアガア。その時(とき)はちょうど一時(いちじ)半(はん)、オツベルは皮(かわ)の寝台(しんだい)の上で昼寝(ひるね)のさかり[23]で、烏(からす)の夢(ゆめ)を見ていたもんだ。あまり大きな音(おと)なので、オツベルの家の百姓(ひゃくしょう)どもが、門(もん)から少し外(そと)へ出て、小手(こて)をかざして向(む)こうを見た。林のような象だろう。汽車(きしゃ)より速(はや)くやって来る。さあ、まるっきり、血(ち)の気(け)もうせてかけ込(こ)んで、

「旦那(だんな)あ、象です。押(お)し寄(よ)せやした。旦那あ、象です。」と声を限(かぎ)りに叫(さけ)んだもんだ。

ところがオツベルはやっぱり偉(えら)い。目をぱっちりと開(あ)いたときは、もう何(なに)もかも分(わ)かっていた。

- 寝台 침대
- 昼寝 낮잠
- 烏 까마귀
- 夢を見る 꿈을 꾸다
- 小手をかざす 손차양을 하다 〈小手 손, 손끝 かざす 가리다〉
- ～より ~보다 〈비교를 나타냄〉
- 血の気(が)うせる 얼굴이 창백해지다 〈血の気 핏기, 혈색うせる 없어지다, 사라지다〉
- かけ込む 달려들어오다
- 旦那 주인님
- 押し寄せる 몰려오다, 밀려들다, 밀어닥치다, 쇄도하다
- ～やす ~(입)니다 〈동사 ます형에 붙어 가벼운 존경을 나타냄〉
- 声を限りに 목청껏 〈限り 한계, 끝, 전부 見渡(みわた)す限りの野原(のはら) 끝 간 데 없이 펼쳐진 평야 力(ちから)限りの大声(おおごえ)で 있는 힘껏 큰 목소리로〉
- ぱっちりと 눈을 크게 뜬 모양, 번쩍
- 目を開く 눈을 뜨다
- 何もかも 무엇이든, 뭐든지

“우와~! 우와~!” 그때는 마침 1시 반이라서 오츠베르는 가죽 침대 위에서 한창 낮잠을 자고 있었는데 까마귀 꿈을 꾸고 있었다. 소리가 너무나 커서 오츠베르 집의 농부들이 문 밖으로 조금 나와 손차양을 하고 건너편을 보았다. 숲처럼 많은 코끼리가 아닌가. 기차보다 빠르게 다가온다. 정말 완전히 얼굴이 창백해져서 달려들어오면서,

“주인님, 코끼리입니다! 몰려왔습니다. 주인님, 코끼리라고요!” 하고 목청껏 소리쳤다.

하지만 오츠베르는 역시 훌륭하다. 눈을 번쩍 떴을 때는 이미 모든 것을 알아차리고 있었다.

---

23 ~のさかり 한창 ~할 때 [명사+のさかり]

さかり(盛り)는 '한창, 번성기'란 뜻으로, 앞에 오는 명사를 받아서 뭔가를 한창 잘해 나간다는 뜻을 나타낸다.

20代(にじゅうだい)は働(はたら)きの盛(さか)りだと思(おも)います。
20대는 한창 일할 때라고 생각합니다.

「おい、象のやつは小屋にいるのか。いる？ いる？ いるのか。よし、戸を閉めろ。戸を閉めるんだよ。早く象小屋の戸を閉めるんだ。ようし、早く丸太を持ってこい。閉じ込めちまえ、ちくしょうめじたばたしやがるな、丸太をそこへ縛りつけろ。何ができるもんか[24]。わざと力を減らしてあるんだ。ようし、もう五、六本、持ってこい。さあ、大丈夫だ。大丈夫だとも。あわてるなったら[25]。おい、みんな、今度は門だ。門を閉めろ。かんぬきをかえ。突っ張り。突っ張り。そうだ。おい、みんな心配するなったら。しっかりしろよ。」オツベルはもう支度ができて、ラッパみたいないい声で、百姓どもをはげました。

- □よし 좋아〈자신의 결의를 나타냄〉
- □戸を閉める 문을 닫다
- □～ちまえ ~어 버려라〈～てしまえ의 거친 표현〉
- □閉じ込める 가두다
- □～な ~(하)지 마〈동사 기본형에 붙어 부정을 나타냄〉
- □ちくしょう 젠장, 빌어먹을
- □め 남을 욕하거나 경멸할 때 쓰는 말, 놈, 녀석
- □じたばた 허둥지둥, 바둥바둥
- □～やがる 동사 ます형에 붙어 상대의 동작을 경멸・증오・조롱하는 등의 감정을 나타냄
- □縛りつける 꽁꽁 묶다, 붙들어 매다, 속박하다
- □わざと 일부러
- □力を減らす 힘을 빼다〈減らす 줄이다〉
- □～とも ~고말고〈강한 단언〉
- □あわてる 당황하다
- □かんぬき 빗장
- □かう 걸다, 지지하다
- □突っ張り 버팀, 버팀목
- □しっかり 확실히, 똑똑히, 빈틈없이
- □支度ができる 준비가 되다
- □ラッパ 나팔
- □はげます 격려하다

“여봐라, 코끼리 녀석은 우리에 있느냐? 있어? 있어? 있느냐 말이다. 좋아, 문을 닫아라. 문을 닫으란 말이다. 빨리 코끼리 우리의 문을 닫아라. 좋아, 빨리 통나무를 갖고 오너라. 가둬 버려라. 바보 같은 놈 허둥지둥대지 말아, 통나무를 거기에 꽁꽁 묶어라. 아무 짓도 할 수 없을 거야. 일부러 힘을 빼 놓았으니까. 좋아, 대여섯 개 더 가져오너라. 자, 이제 됐다. 됐고말고. 당황하지 말라니까. 여봐라, 모두들 이번엔 문이다. 문을 닫아라. 빗장을 걸어. 버팀목. 버팀목. 그래, 모두들 걱정하지 말라니까. 정신 차려.” 오츠베르는 이미 준비를 다 하고 나팔처럼 좋은 목소리로 농부들을 격려했다.

24 ~もんか ~(하)나 봐라, ~(할)까 보냐
[동사 · い형용사의 기본형, な형용사な+もんか]

~ものか의 회화체 축약형으로, 말하는 이가 상대방의 말이나 생각을 강하게 부정할 때 쓴다.

彼(かれ)に私(わたし)のノートを貸(か)してやるもんか。
그에게 내 노트를 빌려 주나 봐라.

25 ~ったら ~(이)라니까

강조 표현으로, 상대방에게 그 뜻을 강하게 전달할 때 쓴다.

前(まえ)に話(はな)したじゃない。そのことはいやだったら。
전에 말했잖아. 그건 싫다니까.

ところがどうして、百姓どもは気(き)が気じゃない。こんな主人(しゅじん)に巻(ま)き添(ぞ)えなんぞ食(く)いたくないから、みんなタオルやハンケチや、汚(よご)れたような白(しろ)いようなものを、ぐるぐる腕(うで)に巻(ま)きつける。降参(こうさん)をする印(しるし)なのだ。

オツベルはいよいよやっきとなって、そこら辺(あた)りをかけ回(まわ)る。オツベルの犬(いぬ)も気(き)が立(た)って、火(ひ)のつくようにほえながら、やしきの中をはせ回(まわ)る。

- □ どうして 오히려
- □ 気が気じゃない 안절부절 못하다
- □ 巻き添え 남의 일에 말려들어 손해를 봄 〈巻き添えを食う 말려들어 손해를 입다〉
- □ ~なんぞ ~따위, ~등
- □ タオル(towel) 타월, 수건
- □ ハンケチ 손수건 =ハンカチ
- □ 汚れる 더러워지다, 때묻다
- □ ぐるぐる 빙글빙글, 둘둘
- □ 巻きつける 둘둘 감다, 휘감다
- □ 降参 항복
- □ 印 표시
- □ いよいよ 드디어
- □ やっきとなる 기를 쓰다, 초조해하며 안달하다
- □ そこら 거기, 그곳
- □ 辺り 주위, 주변
- □ かけ回る 뛰어다니다, 분주하게 돌아다니다.
- □ 気が立つ 흥분하다, 신경이 날카로워지다
- □ 火がつく 불이 붙다
- □ ほえる (동물이) 짖다
- □ はせ回る 사방으로 바쁘게 뛰어다니다, 동분서주하다

하지만 오히려 농부들은 안절부절못한다. 이런 주인에게 말려들어 손해 같은 걸 보고 싶지 않기 때문에 모두들 수건이나 손수건 같은, 지저분한 것 같기도 하고 깨끗한 것 같기도 한 것을 둘둘 팔에 감는다. 항복한다는 표시인 것이다.

오츠베르는 마침내 기를 쓰며 그 주변을 뛰어 돌아다닌다. 오츠베르의 개도 신경이 날카로워져서 불이 붙은 듯이 짖으면서 집안을 사방으로 뛰어다닌다.

まもなく地面はぐらぐらと揺られ、そこらはばしゃばしゃ暗くなり、象はやしきを取り巻いた。グララアガア、グララアガア、その恐ろしい騒ぎの中から、

「今助けるから安心しろよ。」優しい声も聞こえてくる。

「ありがとう。よく来てくれて、ほんとに僕はうれしいよ。」 象小屋からも声がする。さあ、そうすると、周りの象は、一層ひどく、グララアガア、グララアガア、塀の周りをぐるぐる走っているらしく、たびたび中から、怒ってふり回す鼻も見える。けれども塀はセメントで、中には鉄も入っているから、なかなか象もこわせない。

- □ まもなく 이제 곧, 잠시 후
- □ 地面 지면, 땅
- □ ぐらぐら 흔들흔들
- □ 揺られる 흔들리다
- □ ばしゃばしゃ 어둑어둑
- □ 取り巻く 둘러싸다, 에워싸다
- □ 恐ろしい 두렵다, 무섭다
- □ 騒ぎ 소동, 소란
- □ ほんとに 정말로 〈ほんとうに를 짧게 발음한 말〉
- □ 周り 주위, 주변
- □ 一層 한층 (더)
- □ 塀 담, 울타리
- □ ぐるぐる 빙글빙글
- □ たびたび 자주, 여러 번
- □ ふり回す 휘두르다
- □ セメント(cement) 시멘트
- □ 鉄 철, 쇠
- □ こわす 부수다

잠시 후 땅은 흔들흔들 흔들리고 그곳은 순식간에 어두워지면서 코끼리는 집을 에워쌌다. "우와~! 우와~!" 그 두려운 소란 속에서,

"곧 구해줄 테니까 안심해." 라는 부드러운 목소리도 들려온다.

"고마워. 정말 와 줘서 난 너무 기뻐." 코끼리 우리에서도 목소리가 들린다. 그러자 주위에 있는 코끼리는 더욱 거세게 "우와~! 우와~!" 하며 담 주위를 빙빙 달리고 있는 듯, 여러 번 그 속에서 화가 나서 휘두르는 코도 보인다. 하지만 담은 시멘트이고 안에는 쇠도 들어 있어서 코끼리도 여간해서는 부술 수가 없다.

塀の中にはオツベルが、たった一人で叫んでいる。百姓どもは目もくらみ、そこらをうろうろするだけだ。そのうち外の象どもは、仲間の体を台にして、いよいよ塀を越しかかる。だんだん、にゅうと顔を出す。そのしわくちゃで灰色の、大きな顔を見上げた時、オツベルの犬は気絶した。さあ、オツベルは撃ち出した。六連発のピストルさ。ドーン、グララアガア、ドーン、グララアガア、ドーン、グララアガア。ところがたまは通らない。牙に当たればはね返る。一匹なぞはこう言った。

- □たった 단지, 다만, 겨우, 오직
- □くらむ 눈앞이 침침해지다(아찔해지다, 캄캄해지다)
- □うろうろする 어슬렁거리다
- □そのうち 그 사이에, 그 동안에
- □仲間 친구, 동료
- □台 받침, 대
- □越しかかる 막 넘으려고 하다, 넘기 시작하다 〈かかる는 동사 ます형에 붙어 ~(하)기 시작하다는 뜻을 나타냄〉
- □だんだん 점점, 차츰차츰
- □にゅうと 불쑥, 쑥
- □顔を出す 얼굴을 내밀다
- □しわくちゃ 쪼글쪼글함, 주름투성이
- □灰色 회색, 잿빛
- □見上げる 올려다보다
- □気絶する 기절하다
- □撃ち出す (총을) 쏘기 시작하다
- □ピストル 권총, 피스톨
- □ドーン 탕 〈총 쏘는 소리〉
- □たま 총알, 탄알
- □通る 통과하다, 관통하다
- □はね返る 튕겨 나오다
- □～なぞ ～등 ＝～など

담 안에서는 오로지 오츠베르 혼자만 소리치고 있다. 농부들은 눈앞이 깜깜해져 그곳을 우왕좌왕할 뿐이다. 그러는 동안에 밖에 있던 코끼리들은 동료의 몸을 받침대로 삼아 드디어 담을 넘기 시작한다. 차츰차츰 불쑥 얼굴을 내민다. 그 주름투성이인 회색빛의 커다란 얼굴을 올려다보았을 때 오츠베르의 개는 기절했다. 그러자 오츠베르는 총을 쏘기 시작했다. 6연발 권총이다. "탕~! 우와~! 탕~! 우와~! 탕~! 우와~!" 하지만 총알은 관통하지 못한다. 어금니에 맞으면 튕겨 나온다. 그 중 한 마리의 코끼리는 이렇게 말했다.

「なかなかこいつはうるさいねえ。パチパチ顔へ当たるんだ。」 オツベルはいつかどこかで、こんな文句を聞いたようだと思いながら、ケースを帯からつめかえた。そのうち、象の片足が、塀からこっちへはみ出した。それからも一つはみ出した。五匹の象がいっぺんに、塀からどっと落ちてきた。オツベルはケースを握ったまま[26]、もうくしゃくしゃにつぶれていた。早くも門が開いていて、グララアガア、グララアガア、象がどしどしなだれ込む。

- □ うるさい 시끄럽다, 성가시다
- □ パチパチ 탁탁
- □ ケース 탄창
- □ 帯 허리띠 〈여기서는 탄띠로 보는 것이 좋음〉
- □ つめかえる 갈아끼우다
- □ はみ出す 빠져 나오다, 불거져 나오다, 초과하다
- □ もーつ 하나 더 〈もう一つ의 짧게 말한 것〉
- □ いっぺんに 한꺼번에
- □ どっと 우르르
- □ 握る (손에) 꼭 쥐다
- □ くしゃくしゃ 꼬깃꼬깃
- □ つぶれる 깔리다, 납작해지다
- □ 早くも 이미, 벌써, 빨라도
- □ どしどし 힘차게 발을 디디는 소리, 쿵쿵, 쿵쾅
- □ なだれ込む 쏟아져 들어오다, 많은 사람이 일시에 몰려들다

“이거 꽤 성가시네, 얼굴에 따끔따끔 맞는단 말이야.” 오츠베르는 언젠가 어디에서 이런 불평을 들은 것 같다는 생각을 하면서 탄창을 탄띠에서 꺼내 갈아끼웠다. 그러는 중에 코끼리의 한쪽 발이 담 안쪽으로 넘어 들어왔다. 그리고 또 한쪽 발이 넘어왔다. 다섯 마리의 코끼리가 한꺼번에 담을 넘어 우르르 안으로 떨어졌다. 오츠베르는 탄창을 손에 쥔 채 이미 납작하게 바닥에 깔려 있었다. 이미 문이 열려 “우와~! 우와~!” 하고 코끼리가 쿵쾅거리며 쏟아져 들어온다.

---

26 ~たまま ~한 채 [동사 た형+まま]

상황이나 동작이 끝나서 완료되어 있는 시점을 나타낸다.

とても疲(つか)れて、服(ふく)を着(き)たまま寝(ね)ました。
너무 피곤해서 옷을 입은 채 잤습니다.

「牢(ろう)はどこだ。」 みんなは小屋に押(お)し寄(よ)せる。丸太(まるた)なんぞは、マッチのようにへし折(お)られ、あの白象は大変(たいへん)やせて小屋を出た。

「まあ、よかったね、やせたねえ。」 みんなは静(しず)かにそばに寄(よ)り、鎖(くさり)と分銅(ふんどう)を外(はず)してやった。

「ああ、ありがとう。ほんとに僕(ぼく)は助(たす)かったよ。」 白象(はくぞう)はさびしく笑ってそう言った。

おや*、川(かわ)へは行っちゃいけないったら。

□牢 감옥, 유치장
□マッチ 성냥, 성냥개비
□へし折られる 꺾이다
□やせる 마르다
□寄る 가까이 가다, 다가가다
□外す 풀다, 벗기다
□助かる 구조되다, 도움이 되다

“감옥은 어디냐?” 코끼리들은 우리로 몰려 들어간다. 통나무 따위는 성냥개비처럼 꺾였고, 그 흰 코끼리는 무척 마른 몸으로 우리를 나왔다.

“정말 다행이야, 말랐구나.” 코끼리들은 조용히 곁으로 다가와서 쇠사슬과 저울추를 풀어 주었다.

“아아, 고마워. 이제 난 살았어.” 흰 코끼리는 쓸쓸하게 웃으며 이렇게 말했다.

이런, 강으로 가면 안 된다니까!

*** おや**

뜻밖의 일을 당해 깜짝 놀랐을 때 내는 소리로, ‘이런, 저런, 어머, 어머나’ 등 그때그때 상황에 따라 다양하게 풀이할 수 있다. 이 밖에 놀랐을 때 내는 말로는 あれ(어?) · あら(어머나!) · えっ(엣?) 등이 있다.

走れメロス

太宰治

メロスは激怒した。必ず、かの邪知暴虐[*]の王を除かなければならぬ[1]と決意した。メロスには政治が分からぬ。メロスは村の牧人である。笛を吹き、羊と遊んで暮らしてきた。けれども、邪悪に対しては、人一倍に敏感であった。

- □ **激怒する** 격노하다
- □ **必ず** 반드시
- □ **かの** 저
- □ **王** 왕↔女王(じょおう) 여왕
- □ **除く** 제거하다, 없애다
- □ **決意する** 결의하다
- □ **政治** 정치
- □ **村** 마을
- □ **牧人** 목동, 양치기 〈ぼくじん이라고도 함〉
- □ **〜である** ~이다 〈〜だ의 문어체 표현〉
- □ **笛を吹く** 피리를 불다
- □ **羊** 양
- □ **暮らす** 살다, 생활하다
- □ **邪悪** 사악
- □ **〜に対しては** (명사에 붙어 동작의 상대나 대상을 나타냄) ~에 대해서는
- □ **人一倍** 보통사람 이상
- □ **敏感** 민감

달려라 메로스

다자이 오사무

메로스는 몹시 분노했다. 반드시 저 교활하고 포악한 왕을 없애야 한다고 결의했다. 메로스는 정치를 모른다. 메로스는 마을의 목동이다. 피리를 불며 양과 놀면서 살아왔다. 하지만 사악에 대해서는 보통사람 이상으로 민감했다.

1 **~ぬ ~(하)지 않다** [동사 ない형+ぬ]

부정을 나타내는 ない의 고어 표현으로, 불규칙 동사에 연결될 때에는 する→せぬ, 来る→こぬ가 된다.

青春(せいしゅん)の忘れぬ思(おも)い出(で)。 잊을 수 없는 청춘의 추억.

★ **邪知暴虐**

邪知(じゃち)는 간사하고 나쁜 지혜, 暴虐(ぼうぎゃく)는 폭력적으로 학대한다는 뜻으로, 邪知暴虐는 나쁜 지혜가 있어서 사람에게 난폭하고 잔혹한 행동을 하는 것을 말한다.

今日(きょう)未明(みめい)、メロスは村を出発(しゅっぱつ)し、野(の)を越(こ)え山越(やまこ)え、十里(じゅうり)離(はな)れたこのシラクスの町(まち)にやって来た。メロスには父も母もない。女房(にょうぼう)もない。十六の、内気(うちき)な妹(いもうと)と二人暮(ぐ)らしだ。この妹は、村のある律儀(りちぎ)な一牧人(いちぼくじん)を、近々花婿(ちかぢかはなむこ)として迎(むか)えることになっていた[2]。結婚式(けっこんしき)も間近(まぢか)なのである。

- □ **未明** 미명, 새벽
- □ **出発** 출발
- □ **野** 들
- □ **越える** 넘다
- □ **～里** ~리 〈일본의 1리는 3.927km로 우리나라의 10리에 해당함〉
- □ **離れる** 떨어지다
- □ **シラクス** 이탈리아의 남쪽에 위치한 시칠리아 섬의 남동 해안에 있는 도시
- □ **町** 동네, 마을
- □ **やって来る** 찾아오다
- □ **女房** 아내
- □ **内気だ** 내성적이다
- □ **二人暮らし** 둘이 사는 것
- □ **律儀だ** 성실하고 의리 있다
- □ **近々** 머지않아
- □ **花婿** 신랑 ↔花嫁(はなよめ) 신부
- □ **～として** ~(으)로
- □ **迎える** 맞이하다
- □ **結婚式** 결혼식
- □ **間近だ** 아주 가깝다, 얼마 남지 않다

오늘 새벽에 메로스는 마을을 출발하여 들을 넘고 산을 넘어 백 리 떨어진 이 시라쿠스 시(市)에 왔다. 메로스에게는 아버지도 어머니도 없다. 아내도 없다. 열여섯 살이 된 내성적인 여동생과 둘이서 살고 있다. 이 여동생은 마을에 사는 한 성실하고 의리 있는 목동을 머지않아 신랑으로 맞이하게 되어 있다. 결혼식도 얼마 남지 않았다.

2 ～ことになっている ～(하)기로 되어 있다

[동사 기본형 · 부정형+ことになっている]

어떤 일이 예정에 따라 그렇게 하기로 되어 있음을 나타낸다.

今(いま)でなければ、受(う)けられないことになっている。
지금이 아니면 받을 수 없기로 되어 있다.

メロスは、それゆえ、花嫁(はなよめ)の衣装(いしょう)やら[3]祝宴(しゅくえん)のごちそうやらを買いに、はるばる町(まち)にやって来たのだ。まず、その品々(しなじな)を買(か)い集(あつ)め、それから都(みやこ)の大路(おおじ)をぶらぶら歩いた。メロスには竹馬(ちくば)の友(とも)があった。セリヌンティウスである。今は、このシラクスの町で、石工(いしく)をしている。その友を、これから訪(たず)ねてみるつもり[4]なのだ。

- それゆえ　그런 이유로, 그렇기 때문에
- 花嫁　신부
- 衣装　의상
- 祝宴　피로연
- ごちそう　접대, 접대 음식, 성찬
- はるばる　멀리
- まず　우선, 먼저
- 品々　물건들
- 買い集める　사 모으다
- それから　그리고, 그리고 나서
- 都　수도
- 大路　대로, 큰길
- ぶらぶら　어슬렁어슬렁
- 竹馬の友　죽마고우
- 石工　석공
- 友　친구
- これから　앞으로
- 訪ねる　방문하다
- 久しく　오랜만에
- 楽しみ　즐거움

그렇기 때문에 메로스는 신부 옷이랑 피로연 음식 같은 것을 사러 멀리 시라쿠스 시(市)까지 찾아온 것이다. 먼저 그 물건들을 사 모으고 나서 수도의 큰 길을 어슬렁어슬렁 걸었다. 메로스에게는 죽마고우가 있었다. 세리눈티우스이다. 지금은 이 시라쿠스 시(市)에서 석공을 하고 있다. 그 친구를 지금부터 찾아가 볼 생각인 것이다.

3 ~やら~やら ~랑 ~랑, ~며 ~며 [명사+やら]

대표적인 한두 가지의 예를 들어, 이 밖에도 많이 있음을 나타낸다.

かばんの中(なか)には本(ほん)やら手帳(てちょう)やらがあります。
가방 안에는 책이랑 수첩 등이 있습니다.

4 ~つもりだ ~할 생각(작정)이다 [동사 보통형+つもりだ]

말하는 이가 뭔가를 할 생각이 있다는 자신의 의지를 나타낸다.

あしたは何(なに)もしないで、のんびり休(やす)むつもりです。
내일은 아무것도 안 하고 느긋하게 쉴 생각입니다.

久しく会わなかったのだから、訪ねていくのが楽しみである。歩いているうちに[5]、メロスは町の様子を怪しく思った。ひっそりしている。もうすでに日も落ちて、町の暗いのはあたりまえだが、けれども、なんだか、夜のせいばかりではなく[6]、町全体が、やけに寂しい。のんきなメロスも、だんだん不安になってきた。

- □ 様子 모습, 모양
- □ 怪しい 이상하다, 괴상하다, 수상하다
- □ ひっそり 쥐죽은듯이 조용히, 고요히, 몰래, 가만히
- □ もうすでに 이미 벌써
- □ 日が落ちる 해가 저물다
- □ 暗い 어둡다
- □ あたりまえだ 당연하다
- □ なんだか 왠지
- □ せい 탓, 이유
- □ 全体 전체
- □ やけに 매우, 몹시
- □ 寂しい 외롭다, 쓸쓸하다
- □ のんきだ 태평하다
- □ 不安 불안

오랫동안 못 만났기 때문에 찾아가는 것이 기대된다. 걷고 있는 동안에 메로스는 마을의 모습을 수상하게 생각했다. 쥐죽은듯이 조용하다. 이미 벌써 해도 저물어서 마을이 어두운 것은 당연하지만, 그렇지만 왠지 밤이라서가 아니라 마을 전체가 무척 쓸쓸하다. 태평한 메로스도 점점 불안해졌다.

---

5 ～うちに ～(하)는 동안(사이)에 [동사ている, 명사の+うちに]

어떤 상황이 일어 나고 있는 중에 다른 일이 일어나고 있음을 나타낸다.

電話(でんわ)をかけているうちに、バスが行(い)ってしまった。
전화를 걸고 있는 사이에 버스가 가 버렸다.

6 ～ばかりではなく ～뿐만 아니라 [동사 보통형, 명사+ばかりではなく]

앞에 오는 말 외에도 다른 것이 분명히 있음을 나타낸다.

英語(えいご)ばかりではなく、日本語(にほんご)も上手(じょうず)です。
영어뿐만 아니라, 일본어도 잘합니다.

道で会った若い衆を捕まえて、何かあったのか、二年前にこの町に来たときは、夜でも皆が歌を歌って、町はにぎやかであったはずだ[7]が、と質問した。若い衆は、首を振って答えなかった。しばらく歩いて老爺に会い、今度は、もっと語勢を強くして質問した。老爺は答えなかった。メロスは両手で老爺の体を揺すぶって、質問を重ねた。老爺は、辺りをはばかる小声で、わずか答えた。

- □若い衆 젊은이
- □捕まえる 잡다
- □歌を歌う 노래를 부르다
- □質問する 질문하다
- □首を振る 고개를 젓다
- □しばらく 한참, 오랫동안, 잠시 동안
- □老爺 노옹, 할아버지
- □～に会う ~을(를) 만나다
- □今度 이번
- □もっと 더, 더욱
- □語勢 어조, 말투
- □揺すぶる 흔들다
- □重ねる 겹치다, 거듭하다
- □辺り 주위, 주변
- □はばかる 꺼리다, 신경 쓰다 살피다, 삼가다
- □小声 작은 목소리
- □わずか 조금, 약간

길에서 만난 젊은이를 붙잡고 "무슨 일이라도 있었소? 2년 전에 이 마을에 왔을 때는 밤에도 모두가 노래를 부르고 마을은 번화했었는데." 하고 물었다. 젊은이는 고개를 저으며 대답을 하지 않았다. 한참을 걷다가 노인을 만나서 이번에는 말투를 더욱 강하게 하여 질문했다. 노인은 대답하지 않았다. 메로스는 양손으로 노인의 몸을 흔들며 거듭 물어 보았다. 노인은 주위를 살피며 작은 목소리로 겨우 대답했다.

---

7 ～はずだ (당연히, 틀림없이) 꼭 ～할 것이다

[동사 · い형용사의 보통형, な형용사な, 명사の+はずだ]

말하는 이가 당연히 어떤 결과가 나올 것이라고 강하게 추측할 때 쓴다.

彼女(かのじょ)ならこの問題(もんだい)が解(と)けるはずだ。
그녀라면 틀림없이 이 문제를 풀 수 있을 것이다.

「王様(おうさま)は、人を殺(ころ)します。」

「なぜ殺すのだ。」

「悪心(あくしん)を抱(いだ)いている、というのですが、誰(だれ)もそんな、悪心を持(も)ってはおりませぬ。」

「たくさんの人を殺したのか。」

「はい、始(はじ)めは王様の妹婿(いもうとむこ)さまを。それから、ご自身のお世継(よつ)ぎを。それから、妹さまを。それから、妹さまのお子さまを。それから、皇后(こうごう)さまを。それから、賢臣(けんしん)のアレキスさまを。」

- □王様 임금님
- □殺す 죽이다
- □なぜ 왜
- □悪心 악한 마음
- □抱く (마음에) 품다 〈抱(だ)く 안다, 포옹하다
- □たくさんの 많은 〈뒤에 명사가 옴〉
- □始め 처음, 시작
- □妹婿 매부, 매제
- □自身 자기, 자신
- □お子さま (남의) 자녀
- □皇后 황후
- □賢臣 현명한 신하

"임금님은 사람을 죽입니다."
"왜 죽이는 거요?"
"악한 마음을 품고 있다고 하는데, 아무도 그런 악한 마음을 가지고 있지는 않습니다."
"많은 사람을 죽였소?"
"네, 처음엔 임금님의 매부를. 그리고 자신의 후계자를. 그리고 여동생을. 그리고 여동생의 자식을. 그리고 황후마마를. 그리고 현명한 신하인 아레키스님을 죽였습니다."

★ お世継ぎ

자신의 대를 이을 사람을 가리키는 말로, 집안의 장남에게 자격이 주어진다. 보통 '후계자, 상속자'라고 한다.

「驚(おどろ)いた。国王(こくおう)は乱心(らんしん)か。」

「いいえ、乱心ではございませぬ。人を信(しん)ずることができぬ、というのです。このごろは、臣下(しんか)の心をもお疑(うたが)いになり[8]、少(すこ)しく派手(はで)な暮(く)らしをしている者(もの)には、人質(ひとじち)一人ずつ差(さ)し出(だ)すことを命(めい)じております。ご命令(めいれい)を拒(こば)めば、十字架(じゅうじか)にかけられて殺されます。今日は、六人殺されました。」

聞いて、メロスは激怒(げきど)した。

「あきれた王(おう)だ。生(い)かしておけぬ。」

- □ 驚く 놀라다
- □ 国王 국왕
- □ 乱心 마음이 어지러움, 제 정신이 아님
- □ ～ではございませぬ ~이 아닙니다 〈～ではありませんの 공손한 표현〉
- □ 信ずる 믿다
- □ ～というのだ ~라고 한다, ~라고 들었다
- □ このごろ 요즘
- □ 臣下 신하
- □ 疑う 의심하다
- □ 少しく 조금, 약간
- □ 派手だ 화려하다
- □ 者 사람, 자
- □ 人質 인질
- □ ～ずつ ~씩
- □ 差し出す 내밀다, 내놓다
- □ 命じる 명하다
- □ ～ております ~(하)고 계십니다 〈존경과 겸양 모두에 쓰임〉
- □ 命令 명령
- □ 拒む 거절하다, 거부하다
- □ 十字架にかけられる 십자가에 매달리다
- □ あきれる 질리다
- □ 生かす 살리다
- □ ～ておけぬ ~해 둘 수 없다 =～ておけない

"놀랍군. 국왕이 미친 거 아니오?"

"아니오, 미친 건 아닙니다. 사람을 믿을 수가 없다는 것입니다. 요즘은 신하의 마음도 의심하셔서 조금 화려한 생활을 하고 있는 사람에게는 인질을 한 사람씩 내놓도록 명을 내렸습니다. 명령을 거역하면 십자가에 매달려 죽음을 당합니다. 오늘은 여섯 명 죽었습니다."

그 말을 듣고서 메로스는 몹시 분노했다.

"어처구니없는 왕이군. 살려둘 수 없다."

---

8 お～になる ~(하)시다 [お+동사 ます형+になる]

가장 대표적인 존경 표현으로, 사람의 동작이나 행위에 대해 존경의 뜻을 나타낼 때 쓰인다.

この小説(しょうせつ)はいつお読(よ)みになりましたか。

이 소설은 언제 읽으셨습니까?

メロスは単純(たんじゅん)な男であった。買(か)い物(もの)を背負(せお)ったままで、のそのそ王城(おうじょう)に入(はい)っていった。たちまち彼は、巡邏(じゅんら)の警吏(けいり)*に捕縛(ほばく)された。調(しら)べられて、メロスの懐中(かいちゅう)からは短剣(たんけん)が出てきたので、騒(さわ)ぎが大きくなってしまった。メロスは、王(おう)の前(まえ)に引(ひ)き出(だ)された。

「この短刀(たんとう)で何をするつもりであったか。言え！」

暴君(ぼうくん)ディオニスは、静かに、けれども威厳(いげん)をもって問(と)い詰(つ)めた。その王の顔は蒼白(そうはく)で、眉間(みけん)のしわは、刻(きざ)み込(こ)まれたように深(ふか)かった。

「町を暴君の手から救(すく)うのだ。」と、メロスは悪(わる)びれずに答えた。

□ 単純だ 단순하다
□ 買い物 쇼핑, 장보기
□ 背負う (등에) 짊어지다
□ のそのそ 천천히
□ 王城 (왕의) 성, 궁
□ たちまち 금새, 금방
□ 捕縛する 포박하다
□ 調べる 조사하다, 알아보다
□ 懐中 품속, 주머니 속
□ 短剣 단검
□ 騒ぎ 소동, 소란
□ 引き出す 끌어내다, 꺼내다, (돈을) 인출하다
□ 暴君 폭군
□ 威厳 위엄
□ 問い詰める 캐묻다
□ 蒼白だ 창백하다
□ 眉間 미간
□ しわ 주름
□ 刻み込む 새겨 넣다, 아로새기다
□ 深い 깊다
□ 救う 구하다
□ 悪びれる 겁내다, 위축되다

메로스는 단순한 남자였다. 장을 본 물건을 짊어진 채 천천히 성 안으로 들어갔다. 금방 그는 순찰 포졸에게 포박 당했다. 조사를 해 보니 메로스의 품속에서 단검이 나왔기 때문에 일이 커져 버렸다. 메로스는 왕 앞으로 끌려나갔다.

"이 단검으로 뭘 하려고 했느냐? 말하라."

폭군 디오니스는 조용히, 하지만 위엄을 갖고 캐물었다. 그 왕의 얼굴은 창백하고 미간의 주름은 파인 듯이 깊었다.

"마을을 폭군의 손으로부터 구하려고 한다."라고 메로스는 위축되지 않고 대답했다.

*** 巡邏の警吏**

마을을 순찰하는 경찰관을 말한다. 巡邏(じゅんら)는 순찰하며 돌아다니는 것 또는 그런 사람을 뜻하며, 警吏(けいり)는 警察官吏(けいさつかんり)의 줄임말로, 警官(けいかん)(경관, 경찰관)의 예스러운 말이다.

「お前がか？」王は、憫笑した。「仕方のないやつじゃ。お前などには、わしの孤独の心が分からぬ。」

「言うな！」 と、メロスはいきり立って反駁した。「人の心を疑うのは、最も恥ずべき[9]悪徳だ。王は、民の忠誠をさえ[10]疑っておられる。」

「疑うのが正当の心構えなのだと、わしに教えてくれたのは、お前たちだ。人の心はあてにならない。人間はもともと私欲の塊さ。信じてはならぬ。」 暴君は落ち着いてつぶやき、ほっとため息をついた。

- □ 憫笑 민소;어리석음을 비웃음
- □ 仕方(が)ない 어쩔 수가 없다
- □ ～じゃ ~잖아 〈～であるが 변한말〉
- □ わし 나 〈주로 나이든 남자가 씀〉
- □ 孤独 고독
- □ ～な ~(하)지마 〈동사 기본형에 붙어 금지를 나타낸다〉
- □ いきり立つ 매우 격분하다
- □ 反駁する 반박하다
- □ 最も (무엇보다도) 가장, 제일
- □ 恥ず 부끄러워하다
- □ 悪徳 악덕
- □ 民 백성, 국민
- □ 忠誠 충성
- □ おちれる 계시다 〈いるの 겸양어인 おるの 존경 표현〉
- □ 正当 정당
- □ 心構え 마음가짐
- □ あてにならない 믿을 수 없다
- □ もともと 원래, 본래
- □ 私欲 사욕
- □ 塊 덩어리
- □ 落ち着く 침착하다, 안정되다
- □ つぶやく 중얼거리다
- □ ほっと 한숨 짓는 모양, 안심해서 긴장이 풀리는 모양
- □ ため息をつく 한숨을 쉬다

“네가 말이냐?” 왕은 가엾다는 듯이 비웃었다. “어쩔 수 없는 놈이군. 너 따위는 나의 고독을 모른다.”

“그런 소리 하지 마라!”라고 메로스는 격분해서 반박했다. “사람의 마음을 의심하는 것은 가장 부끄러워해야 할 악덕이오. 왕은 백성의 충성조차 의심하고 있소.”

“의심하는 것이 정당한 마음가짐이라고 내게 가르쳐 준 것은 너희들이다. 사람의 마음은 믿을 수 없다. 인간은 원래 사욕 덩어리다. 믿어서는 안 된다.” 폭군은 침착하게 중얼거리고는 ‘휴~’ 하고 한숨을 쉬었다.

---

9 ～べき ～해야만 하는 [동사 기본형+べき]

어떤 행위가 타당하다고 판단될 때 쓰는 표현으로, 말하는 이가 이를 주장하거나 충고할 때 쓴다. 기본형은 べきだ로, 본문에서는 뒤에 명사가 오므로 べき의 형태로 연결되었다.

必(かなら)ず警察(けいさつ)に届(とど)けるべき物(もの)です。
반드시 경찰에 신고해야 하는 물건입니다.

10 ～さえ ～까지도, ～조차, ～마저 [명사+さえ]

극단적인 사항을 예로 들어 다른 일반적인 것을 짐작하게 하는 표현으로, ～でさえ 형태를 취하기도 한다.

彼はひらがなさえ読めません。 그는 히라가나조차 못 읽습니다.

「わしだって[11]、平和(へいわ)を望(のぞ)んでいるのだが。」

「なんのための平和だ。自分の地位(ちい)を守(まも)るためか。」

今度はメロスが嘲笑(ちょうしょう)した。「罪(つみ)のない人を殺して、何が平和だ。」

「黙(だま)れ。」　王は、さっと顔を上げて報(むく)いた。「口では、どんな清(きよ)らかなことでも言える。わしには、人のはらわたの奥底(おくそこ)が見(み)え透(す)いてならぬ[12]。お前だって、今に、はりつけになってから、泣(な)いて詫(わ)びたって聞かぬぞ。」

□ 平和 평화
□ 望む 바라다
□ 地位 지위
□ 守る 지키다
□ 嘲笑する 비웃다
□ 罪 죄 〈罰(ばつ) 벌〉

□ 黙る 침묵하다, 닥치다
□ さっと 휙
□ 顔を上げる 얼굴을 들다
□ 報いる 보답하다, 보복하다
□ 清らかだ 맑고 깨끗하다
□ はらわた 내장, 뱃속

□ 奥底 깊은 속
□ 見え透く 빤히 보이다
□ 詫びる 빌다, 사과하다
□ ～って ~해봤자, ~해도 〈といっても・としても의 줄임말〉

"나 역시 평화를 바라고 있느니라."

"무엇을 위한 평화란 말이오? 자신의 지위를 지키기 위해서요?"

이번에는 메로스가 비웃었다. "죄도 없는 사람을 죽이고는 무슨 평화란 말이오?"

"닥쳐라!" 왕은 휙 얼굴을 들고 되받아쳤다. "입으로는 어떤 깨끗한 말이라도 할 수 있다. 내게는 사람의 뱃속까지 다 빤히 보여서 견딜 수가 없다. 너 역시 곧 창에 찔려 죽는 형벌을 받고 나서 울며 용서를 빌어도 안 들어 줄 것이다."

---

11 ~だって ~도 또한, ~도 역시 [명사+だって]

앞에 나온 문장을 받아서 말하는 이의 상황 역시 똑같다는 것을 강조하는 표현이다.

あなただけではなく、私だって困(こま)っています。
당신뿐만 아니라 나 역시 곤란합니다.

12 ~てならない ~(해)서 어쩔 수 없다
[동사 て형, い형용사 くて형, な형용사 어간で+ならない]

자연히 일어나는 어떤 감정이나 감각을 자신이 억제하려고 해도 억제할 수 없는 상태라는 것을 나타낼 때 쓴다.

彼女にふられて悔(くや)しくてならない。 그녀한테 차여서 분해서 견딜 수 없다.

★ はりつけ

죄인을 기둥에 묶고 창으로 찔러 죽이던 옛날 형벌 중 하나로, 이 형벌을 당하는 경우에는 はりつけになる라고 표현한다.

「ああ、王は利口(りこう)だ。うぬぼれているがよい。私は、ちゃんと死ぬる覚悟(かくご)でいるのに。命(いのち)ごいなど決(けっ)してしない[13]。ただ、――。」 と言いかけて、メロスは足元(あしもと)に視線(しせん)を落(お)とし、瞬時(しゅんじ)ためらい、「ただ、私に情(なさ)けをかけたいつもりなら、処刑(しょけい)までに三日間の日限(にちげん)を与(あた)えてください。たった一人の妹に、亭主(ていしゅ)を持(も)たせてやりたいのです。三日のうちに、私は村で結婚式を挙(あ)げさせ、必(かなら)ず、ここへ帰ってきます。」

- □ 利口だ 영리하다, 영특하다
- □ うぬぼれる 우쭐하다, 잘난 척하다
- □ ちゃんと 제대로
- □ 死ぬる 죽다 〈死ぬ의 고어 표현〉
- □ 覚悟 각오
- □ ～のに ~인데, ~한데
- □ 命ごい 목숨 구걸
- □ 言いかける 말을 꺼내다 말다
- □ 足元 발밑
- □ 視線を落とす 시선을 떨어뜨리다
- □ 瞬時 잠깐
- □ ためらう 주저하다
- □ 情けをかける 온정을 베풀다 〈情け (사람의) 정〉
- □ ～なら ~라면
- □ 処刑 처형
- □ 日限 기한, 기일, 예정일
- □ 与える 주다
- □ たった 단, 딱, 오직
- □ 亭主 남편
- □ 結婚式を挙げる 결혼식을 올리다
- □ 帰ってくる 돌아오다

“그래, 왕은 영리하군. 우쭐해 있어라. 나는 죽을 각오로 있는데. 목숨 구걸 따윈 결코 하지 않을 것이다. 다만——” 하고 말을 하다 말고, 메로스는 발밑으로 시선을 떨어뜨리고는 잠깐 망설이다가 “다만, 내게 온정을 베풀고 싶은 생각이라면 처형까지 3일간의 말미를 주십시오. 하나뿐인 누이동생에게 낭군을 짝지어 주고 싶습니다. 3일 안에 나는 마을에서 결혼식을 올려 주고 반드시 여기로 돌아오겠습니다.”

---

13 決して～ない 결코 ~(하)지 않다

[決して+동사 · い형용사 · な형용사 ない형+ない]

어떠한 일이 있더라고 절대 하지 않겠다는 말하는 이의 강한 의지를 나타낸다.

その行動(こうどう)は決(けっ)して許(ゆる)せないことです。
그 행동은 결코 용서할 수 없는 것입니다.

「ばかな。」と、暴君(ぼうくん)はしわがれた声で低(ひく)く笑った。「とんでもない嘘(うそ)を言うわい。逃(の)がした小鳥(ことり)が帰ってくるというのか。」

「そうです。帰ってくるのです。」 メロスは必死(ひっし)で言(い)い張(は)った。「私は約束(やくそく)を守(まも)ります。私を、三日間だけ許(ゆる)してください。妹が私の帰りを待っているのだ。そんなに私を信じられないならば、よろしい、この町にセリヌンティウスという石工(いしく)がいます。私の無二(むに)*の友人(ゆうじん)だ。あれを、人質(ひとじち)としてここに置(お)いていこう。私が逃(に)げてしまって、三日目の日暮(ひぐ)れまで、ここに帰ってこなかったら、あの友人を絞(し)め殺(ころ)してください。頼(たの)む。そうしてください。」

□ ばか 바보
□ しわがれる (목소리가) 쉬다
□ とんでもない 터무니 없다, 말도 안 된다, 어처구니 없다
□ 嘘を言う 거짓말을 하다 = 嘘をつく
□ ～わい ~군, ~구먼 〈감동이나 영탄을 나타냄〉
□ 逃がす 놓아주다, 놓치다
□ 小鳥 작은 새
□ 必死で 필사적으로
□ 言い張る 강하게 말하다, 주장하다
□ 約束を守る 약속을 지키다
□ 許す 허락하다
□ ～ならば ~한다면 =～なら
□ よろしい 좋다 〈よい의 공손한 표현〉
□ ～という ~라고 하는
□ 置く 두다, 놓다
□ 逃げる 도망가다
□ 日暮れ 해 질 무렵
□ 絞め殺す 목 졸라 죽이다
□ 頼む 부탁하다

"바보 같은 소리군!" 하고 폭군은 쉰 목소리로 나지막하게 웃었다. "터무니 없는 거짓말을 하는구나. 놓아 준 새가 돌아온단 말이냐?"

"그렇습니다. 돌아옵니다." 메로스는 필사적으로 주장했다. "저는 약속을 지킵니다. 저를 3일간만 허락해 주십시오. 누이동생이 제가 돌아오기를 기다리고 있소. 그렇게 저를 못 믿는다면, 좋습니다, 이 마을에 세리눈티우스라는 석공이 있습니다. 저의 둘도 없는 친구요. 그 친구를 인질로 여기에 놓고 가겠소. 제가 도망쳐서 3일째 해가 질 때까지 이곳으로 돌아오지 않는다면 그 친구를 목 졸라 죽이십시오. 부탁이오. 그렇게 해 주십시오."

*** 無二**

이 세상에 단 하나뿐인 매우 소중한 것 즉, '둘도 없는 것'이란 뜻이다. 주로 뒤에 の를 붙인 無二(むに)の의 형태로 쓰이는데 뒤에는 명사가 온다. 二(ふた)つとない로 바꿔 쓸 수도 있다.

それを聞いて、王は残虐(ざんぎゃく)な気持(きも)ちで、そっとほくそ笑(え)んだ。生意気(なまいき)なことを言うわい。どうせ帰ってこないに決(き)まっている[14]。この嘘(うそ)つきにだまされたふりして、放(はな)してやるのもおもしろい。そうして、身代(みが)わりの男を三日目に殺(ころ)してやるのも気味(きみ)がいい。人はこれだから信じられぬと、わしは悲しい顔して、その身代わりの男を磔刑(たっけい)に処(しょ)してやるのだ。世(よ)の中(なか)の正直者(しょうじきもの)とかいうやつばらに、うんと見(み)せつけてやりたいもの[15]さ。

- □ 残虐だ 잔악하다
- □ 気持ち 마음, 기분
- □ そっと 살짝, 슬쩍
- □ ほくそ笑む (생각대로 되어) 몰래 웃다, 혼자 빙긋 웃다
- □ 生意気だ 건방지다
- □ どうせ 어차피
- □ 嘘つき 거짓말쟁이
- □ だます 속이다
- □ ～ふり ～척, ～시늉
- □ 放す 놓아 주다
- □ 身代わり 대신할 사람
- □ 気味 기분 ＝気持ち
- □ 顔(を)する 얼굴을 하다
- □ 磔刑 책형;창으로 찔러 죽이는 형벌
- □ ～に処する ～에 처하다
- □ 世の中 세상
- □ 正直者 정직한 사람
- □ やつばら 녀석들 ＝やつら
- □ うんと 굉장히, 많이 〈수, 양, 정도 등이 많은 모양〉
- □ 見せつける (보란 듯이) 보여 주다, 과시하다
- □ ～さ 가볍게 단언하는 느낌을 나타냄

그 말을 듣고 왕은 잔악한 마음으로 슬쩍 몰래 웃었다. 건방진 소리를 하는구나. 어차피 돌아오지 않을 것이 분명하다. 이 거짓말쟁이에게 속은 척하고 놓아 주는 것도 재미있겠어. 그렇게 해서 인질이 된 남자를 3일째에 죽여 주는 것도 기분이 좋지. 사람은 이래서 믿을 수 없다고 나는 슬픈 얼굴을 하고 그 인질이 된 남자를 책형에 처하는 것이다. 세상에 정직하다고 하는 놈들에게 제대로 본때를 보여 줘야지.

---

14 ～に決まっている 반드시 ～(하)다, ～(하)는 것이 당연하다
[동사 · い형용사의 보통형, 명사+に決まっている]

말하는 이가 강한 확신을 가지고 단정적으로 말할 때 쓰는 표현이다.

どんな物(もの)もデパートでは高(たか)いに決(き)まっています。
어떤 물건도 백화점에서는 비싼 게 당연합니다.

15 ～たいものだ ～(하)고 싶다 [동사 ます형+たいものだ]

어떤 말에 붙어 그 기분을 강하게 나타낼 때 쓴다.

富士山(ふじさん)はまた登(のぼ)ってみたいものです。
후지산은 또 올라가 보고 싶습니다.

「願いを聞いた。その身代わりを呼(よ)ぶがよい。三日目には日没(にちぼつ)までに帰ってこい。遅(おく)れたら、その身代わりを、きっと殺(ころ)すぞ。ちょっと遅れてくるがいい。お前の罪(つみ)は、永遠(えいえん)に許(ゆる)してやろうぞ。」

「なに、何をおっしゃる。」

「はは。命(いのち)が大事(だいじ)だったら、遅れてこい。お前の心は分かっているぞ。」

メロスは悔(くや)しく、じだんだ踏(ふ)んだ。ものも言いたくなくなった。

- □願い 부탁, 소원
- □~目 ~째 〈순서를 나타내는 조수사〉
- □日没 일몰, 해가 짐
- □~までに ~까지는
- □遅れる 늦다
- □~たら ~라면 〈가정을 나타냄〉
- □きっと 꼭, 반드시
- □永遠に 영원히
- □命 목숨, 생명
- □大事だ 중요하다, 소중하다
- □悔しい 분하다
- □じだんだ(を)踏む 몹시 화가 나거나 분하고 억울하여 감정을 주체할 수 없어서 하는 행동, 발을 동동 구르다
- □ものを言う 말을 하다 =話(はな)す

"부탁을 들어 주겠다. 그 인질로 삼을 남자를 불러라. 3일째 해가 질 때까지는 돌아오너라. 늦는다면 그 남자를 반드시 죽일 것이다. 좀 늦게 오너라. 네 죄는 영원히 용서해 주마."

"무슨, 무슨 말을 하시는 겁니까?"

"하하하, 목숨이 소중하거든 늦게 오너라. 네 마음은 알고 있다."

메로스는 분해서 발을 동동 굴렀다. 아무 말도 하고 싶지 않았다.

竹馬(ちくば)の友(とも)、セリヌンティウスは、深夜(しんや)、王城(おうじょう)に召(め)された。暴君(ぼうくん)ディオニスの面前(めんぜん)で、良(よ)き友と良き友は、二年ぶりで [16]相会(あいお)うた。メロスは、友に一切(いっさい)の事情(じじょう)を語(かた)った。セリヌンティウスは無言(むごん)でうなずき、メロスをひしと抱(だ)き締(し)めた。友と友の間(あいだ)は、それでよかった。セリヌンティウスは、縄打(なわう)たれた。メロスはすぐに出発(しゅっぱつ)した。初夏(しょか)、満天(まんてん)の星(ほし)*である。

- 深夜 심야
- 召される 부름을 받다
- 面前 면전
- 良き友 좋은 벗
- 相会う 사람과 사람이 서로 만나다 〈あいあう에 た가 붙어 あいおうた로 발음이 변함〉
- 一切の～ 일체의~, 모든~
- 事情 사정
- 語る 이야기하다
- 無言 무언
- うなずく 끄덕이다
- ひしと 꽉, 꼭, 강렬하게, 단단히 ＝しっかりと
- 抱き締める 껴안다
- 間 사이
- 縄打たれる 밧줄로 묶이다
- すぐに 곧, 바로 ＝すぐ
- 初夏 초여름

죽마고우인 세리눈티우스는 한밤중에 왕의 성으로 부름을 받았다. 폭군 디오니스의 면전에서 좋은 벗들은 2년 만에 상봉했다. 메로스는 친구에게 모든 사정을 이야기했다. 세리눈티우스는 말없이 고개를 끄덕이며 메로스를 꽉 껴안았다. 친구와 친구 사이는 그것으로 충분했다. 세리눈티우스는 포박을 당했다. 메로스는 곧 출발했다. 초여름, 하늘엔 별이 가득했다.

---

16 ～ぶりで ～만에 [명사+ぶりで]

주로 앞에는 시간이나 날짜와 관련된 표현이 오며, ～ぶりに라고도 한다.

5年(ごねん)ぶりでアメリカから帰(かえ)ってきました。
5년 만에 미국에서 돌아왔습니다.

*** 満天の星**

밤하늘에 별들이 많이 떠 있는 모양을 나타내는 말로, 여기서는 반드시 돌아오겠다는 메로스의 깨끗하고 순수한 마음을 암시한다.

メロスはその夜一睡もせず、十里の道を急ぎに急いで、村へ到着したのは、明くる日の午前、日は既に高く昇って、村人たちは野に出て仕事を始めていた。メロスの十六の妹も、今日は兄の代わりに羊群の番をしていた。よろめいて歩いてくる兄の、疲労困憊の姿を見つけて驚いた。そうして、うるさく兄に質問を浴びせた。

「何でもない。」　メロスは無理に笑おうと努めた。「町に用事を残してきた。またすぐ町に行かなければならぬ。明日、お前の結婚式を挙げる。早い方がよかろう。」

妹は頬を赤らめた。

「うれしいか。きれいな衣装も買ってきた。さあ、これから行って村の人たちに知らせてこい。結婚式は明日だと。」

메로스가 그날 밤 한숨도 못 자고 백 리 길을 급히 서둘러 마을에 도착한 것은 다음 날 오전이었는데, 해는 이미 높이 떠 있고, 마을 사람들은 들에 나와 일을 시작하고 있었다. 메로스의 열여섯 살짜리 누이동생도 오늘은 오빠 대신 양떼를 돌보고 있었다. 비틀거리며 걸어오는 오빠의 몹시 지친 모습을 발견하고 깜짝 놀랐다. 그리고는 성가시게 오빠를 향해 질문을 퍼부었다.

"아무 것도 아니야." 메로스는 억지로 웃으려고 했다. "시라쿠스 시(市)에 볼일이 남아 있어. 곧 다시 시라쿠스로 가 봐야 해. 내일 네 결혼식을 올릴 거야. 빨리 올리는 것이 좋을 것 같아."

누이동생은 볼이 빨개졌다.

"기쁘냐? 예쁜 옷도 사 왔다. 자, 지금부터 가서 마을 사람들한테 알리고 오너라. 결혼식은 내일이라고."

- □ 一睡 한숨
- □ 急ぎに急いで 급히 서둘러서 〈반복되는 동사 사이에 に를 넣어 정도가 심함을 나타냄〉
- □ 到着する 도착하다
- □ 明くる日 다음 날
- □ 既に 이미
- □ 昇る 솟다, 떠오르다
- □ 羊群 양떼
- □ 番をする 번을 서다, 당번을 맡다
- □ よろめく 비틀거리다, 흔들거리다
- □ 疲労困憊 몹시 지친 모양
- □ 姿 모습
- □ 見つける 발견하다
- □ うるさい 시끄럽다, 잔소리가 많다, 성가시다
- □ 浴びせる 퍼붓다
- □ 何でもない 아무 것도 아니다
- □ 無理に 무리하게, 억지로
- □ 努める 노력하다
- □ 用事 할 일, 볼일
- □ 残す 남기다
- □ 早い (시간적으로) 이르다, 빠르다
- □ よかろう 좋을 것이다 =いい의 가정형
- □ 頬を赤らめる 볼이 빨개지다
- □ さあ 자, 어서
- □ 知らせる 알리다

メロスは、また、よろよろと歩き出し、家へ帰って神々の祭壇を飾り、祝宴の席を調え、間もなく、床に倒れ伏し、呼吸もせぬくらいの深い眠りに落ちてしまった。

目が覚めたのは夜だった。メロスは起きてすぐ[17]、花婿の家を訪れた。そうして、少し事情があるから、結婚式を明日にしてくれ、と頼んだ。婿の牧人は驚き、それはいけない、こちらにはまだ何の支度もできていない、ぶどうの季節まで待ってくれ、と答えた。メロスは、待つことはできぬ、どうか明日にしてくれたまえ、と更に押して頼んだ。婿の牧人も頑強であった。

- □ よろよろと 비틀비틀
- □ 歩き出す 걷기 시작하다
- □ 神々 신들
- □ 祭壇 제단
- □ 飾る 꾸미다, 장식하다
- □ 祝宴 축하연
- □ 調える 정돈하다, 조정하다
- □ 間もなく 곧, 얼마 지나지 않아
- □ 床 마루
- □ 倒れ伏す 쓰러져 눕다
- □ 呼吸 호흡, 숨
- □ ～くらい ~정도, ~만큼
- □ 眠りに落ちる 잠에 빠지다
- □ 目が覚める 잠에서 깨다
- □ 起きる 일어나다, 기상하다
- □ 訪れる 방문하다, 찾아가다
- □ 事情がある 사정이 있다
- □ 驚く 깜짝 놀라다
- □ 支度 준비, 채비
- □ ぶどう 포도
- □ 季節 계절
- □ どうか 제발, 아무쪼록
- □ 更に 게다가, 더욱
- □ 押して頼む 억지로(무리하게) 부탁하다
- □ 頑強だ 강경하다

메로스는 또다시 비틀비틀 걷기 시작하여 집으로 돌아가서, 신들의 제단을 꾸미고 축하연 자리를 정돈한 뒤 곧 잠자리에 쓰러져 누워서 숨도 쉬지 않을 정도로 깊은 잠에 빠져 버렸다.

잠에서 깬 것은 밤이었다. 메로스는 일어나자마자 바로 신랑 집을 찾아갔다. 그리고 좀 사정이 있으니까 결혼식을 내일로 해 달라고 부탁했다. 신랑인 목동은 깜짝 놀라서 그건 안 된다며 이쪽은 아직 아무 준비도 되어 있지 않으니 포도 철까지 기다려 달라고 대답했다. 메로스는 "기다릴 수가 없네. 제발 내일로 해 주게." 하고 더욱 강하게 부탁했다. 목동인 신랑도 강경했다.

---

17 ~てすぐ ~해서 바로, ~(하)자마자 곧 [동사 て형+すぐ]

한 가지 행동을 끝내자마자 바로 다음 행동을 하는 경우에 쓴다.

食(た)べてすぐ横(よこ)になるのはよくありません。
먹자마자 바로 눕는 것은 좋지 않습니다.

なかなか承諾(しょうだく)してくれない。夜明(よあ)けまで議論(ぎろん)を続(つづ)けて、やっと、どうにか婿をなだめすかして、説(と)き伏(ふ)せた。結婚式は真昼(まひる)に行(おこな)われた。新郎新婦(しんろうしんぷ)の、神々(かみがみ)への宣誓(せんせい)が済(す)んだころ、黒雲(こくうん)が空(そら)を覆(おお)い、ぽつりぽつり雨が降(ふ)り出(だ)し、やがて車軸(しゃじく)を流(なが)すような大雨(おおあめ)となった[18]。祝宴に列席(れっせき)していた村人たちは、何か不吉(ふきつ)なものを感じたが、それでも、めいめい気持(きも)ちを引(ひ)き立(た)て、狭(せま)い家の中で、むんむん蒸(む)し暑(あつ)いのもこらえ、陽気(ようき)に歌を歌い、手(て)を打(う)った。

- □ 承諾する 승낙하다
- □ 夜明け 새벽
- □ 議論 논쟁
- □ 続ける 계속하다
- □ やっと 겨우, 그런대로, 그럭저럭
- □ どうにか 어떻게 해서든
- □ なだめすかす 비위를 맞추다, 어르고 달래다
- □ 説き伏せる 설복하다, 설득하다
- □ 真昼 한낮
- □ 行う 행하다, 거행하다
- □ 新郎新婦 신랑신부
- □ 宣誓 선서
- □ 済む 끝나다, 마치다
- □ 黒雲 먹구름
- □ 覆う 뒤덮다
- □ ぽつりぽつり 뚝뚝
- □ 降り出す 내리기 시작하다
- □ やがて 결국
- □ 車軸を流す 차축(바퀴 회전의 중심축)과 같은 굵은 비가 내리다. 큰비가 내리다
- □ 大雨 큰비
- □ 列席する 참석하다
- □ 不吉だ 불길하다
- □ めいめい 제각기, 각자
- □ 引き立てる 북돋우다, 이끌어주다, 돋보이게 하다
- □ むんむん 후끈후끈, 푹푹, 열기나 사람의 훈기가 가득찬 모양
- □ 蒸し暑い 무덥다
- □ こらえる 참다, 견디다
- □ 陽気だ 활발하다, 발랄하다, 밝고 쾌활하다
- □ 手を打つ 손뼉을 치다

좀처럼 승낙해 주지 않는다. 새벽까지 논쟁을 계속하여 겨우 어떻게든 신랑을 어르고 달래서 설득시켰다. 결혼식은 한낮에 거행되었다. 신랑신부의 신들에게 바치는 선서가 끝났을 때, 먹구름이 하늘을 덮고 한 방울 두 방울 비가 내리기 시작하더니 결국 장대 같은 큰비가 되었다. 축하연에 참석했던 마을 사람들은 뭔가 불길함을 느꼈지만 그래도 제각기 기분을 북돋우어 좁은 집안에서 후끈후끈 찌는 듯이 더운 것도 참으면서 명랑하게 노래를 부르고 손뼉을 쳤다.

18 ～となる ～이 되다 [명사+となる]

～になる와 같은 뜻이지만, 이 표현은 주로 문장에서 쓴다. 대개 날씨 · 기온 등의 자연현상과 같은 불변의 진리 또는 객관적이고 구체적인 사실을 나타낸다.

水(みず)は零度(れいど)以下(いか)で氷(こおり)となる。
물은 0도 이하에서 얼음이 된다.

メロスも、満面に喜色をたたえ、しばらくは、王とのあの約束をさえ忘れていた。祝宴は、夜に入っていよいよ乱れ、華やかになり、人々は、外の豪雨を全く気にしなくなった。メロスは、一生このままここにいたい、と思った。この良い人たちと生涯暮らしていきたいと願ったが、今は、自分の体で、自分のものではない。

□ **満面** 만면, 얼굴 가득
□ **喜色をたたえる** (얼굴에) 희색을 띠다
□ **乱れる** 흐트러지다, 어지러워지다, 소란스러워지다
□ **華やかだ** 화려하다
□ **豪雨** 호우
□ **全く** 전혀
□ **気にする** 신경 쓰다
□ **一生** 일생, 평생
□ **このまま** 이대로
□ **生涯** 생애, 평생
□ **願う** 바라다, 원하다

메로스도 얼굴 가득 희색을 띠며 얼마 동안은 왕과의 그 약속조차 잊고 있었다. 축하연은 밤이 되어 마침내 흥이 나서 시끌벅적하게 되었고, 사람들은 바깥에 쏟아지고 있는 호우를 전혀 신경 쓰지 않게 되었다. 메로스는 평생 이대로 있고 싶다고 생각했다. 이 좋은 사람들과 평생 함께 살기를 원했지만, 지금은 내 몸이면서도 내 것이 아니다.

ままならぬことである。メロスは、わが身(み)にむち打(う)ち、ついに出発を決意(けつい)した。明日の日没(にちぼつ)までには、まだ十分の時がある。ちょっとひと眠(ねむ)りして、それからすぐに出発しよう、と考えた。そのころには、雨も小降(こぶ)りになっていよう。少しでも長くこの家にぐずぐずとどまっていたかった。メロスほどの男にも、やはり未練(みれん)の情(じょう)というものはある。今宵(こよい)、ぼうぜん、歓喜(かんき)に酔(よ)っているらしい花嫁(はなよめ)に近寄(ちかよ)り、

- □ ままならぬ 생각대로 되지 않다, 뜻대로 되지 않다 〈ままならぬ世の中 뜻대로 되지 않는 세상〉
- □ わが身 내 몸, 내 자신
- □ むち打ち 채찍을 가하다
- □ ついに 드디어
- □ 決意する 결의하다
- □ 十分だ 충분하다
- □ ひと眠りする 한숨 자다
- □ 小降りになる 빗줄기가 가늘어지다
- □ 少しでも 조금이라도
- □ ぐずぐず 꾸물꾸물, 우물쭈물
- □ とどまる 머물다
- □ やはり 역시
- □ 未練 미련
- □ 情 정
- □ 今宵 오늘 밤
- □ ぼうぜん 멍하니
- □ 歓喜 환희
- □ ～に酔る ~에 취하다
- □ 近寄る 가까이 가다, 다가가다

내 마음대로 할 수가 없는 것이다. 메로스는 자기 몸에 채찍질을 하면서 드디어 출발하기로 결심했다. 내일 해가 질 때까지는 아직 충분한 시간이 있다. 잠깐 한숨 자고 나서 바로 출발해야겠다고 생각했다. 그 때쯤이면 비도 잦아들겠지. 조금이라도 오래 이 집에 꾸물꾸물 머물고 싶었다. 메로스와 같은 남자에게도 역시 미련의 정이라는 것은 있다. 오늘 밤 멍하니 환희에 취해 있는 듯한 신부에게 다가가서,

「おめでとう。私は疲(つか)れてしまったから、ちょっとごめんこうむって眠りたい。目が覚(さ)めたら、すぐに町に出(で)かける。大切(たいせつ)な用事(ようじ)があるのだ。私がいなくても、もうお前には優(やさ)しい亭主(ていしゅ)があるのだから、決(けっ)して寂(さび)しいことはない。お前の兄の、一番嫌(きら)いなものは、人を疑(うたが)うことと、それから、嘘(うそ)をつくことだ。お前も、それは知っているね。亭主との間に、どんな秘密(ひみつ)でも作(つく)ってはならぬ。お前に言いたいのは、それだけだ。お前の兄は、たぶん偉(えら)い男なのだから、お前もその誇(ほこ)りを持っていろ。」

- □ごめんこうむる 실례하다, 양해를 받다 〈こうむる 신세를 지다, 피해를 입다〉
- □眠る 잠들다
- □出かける 나가다, 외출하다
- □大切だ 소중하다, 중요하다
- □優しい 다정하다, 자상하다
- □寂しい 외롭다
- □一番 가장, 제일
- □嘘をつく 거짓말을 하다
- □秘密 비밀
- □作る 만들다
- □たぶん 아마
- □誇り 자랑, 긍지

"축하한다. 난 피곤해서 잠깐 실례하고 자고 싶구나. 잠에서 깨면 곧 시라쿠스로 떠나. 중요한 일이 있어. 내가 없더라도 이제 너에겐 자상한 남편이 있으니까 결코 외롭진 않을 거야. 네 오빠가 가장 싫어하는 것은 남을 의심하는 것, 그리고 거짓말을 하는 거야. 너도 그건 알고 있지? 남편과의 사이에 어떤 비밀이라도 만들어선 안 된다. 너에게 말하고 싶은 것은 그것뿐이다. 네 오빠는 아마 훌륭한 남자일 테니까 너도 그 긍지를 가져라."

花嫁は、夢見心地*でうなずいた。メロスは、それから花婿の肩をたたいて、

「支度のないのはお互い様さ。私の家にも、宝といっては、妹と羊だけだ。ほかには何もない。全部あげよう。もう一つ、メロスの弟になったことを誇ってくれ。」

花婿はもみ手して、照れていた。メロスは笑って村人たちにも会釈して、宴席から立ち去り、羊小屋に潜り込んで、死んだように深く眠った。

- □夢見心地 꿈을 꾸고 있는 것과 같은 기분
- □うなずく 수긍하다
- □肩をたたく 어깨를 (톡톡) 두드리다
- □お互い様 서로 마찬가지임
- □宝 보물
- □ほかには 그밖에는
- □誇る 자랑하다
- □もみ手する 손을 비비다
- □照れる 수줍어하다
- □会釈する 가볍게 목례하다
- □宴席 연회석
- □立ち去る 떠나다, 사라지다
- □羊小屋 양의 축사
- □潜り込む 숨어들다, 기어들다, 잠입하다

신부는 꿈을 꾸고 있는 것 같은 기분으로 고개를 끄덕였다. 메로스는 그러고 나서 신랑의 어깨를 두드리며,

"준비가 없는 것은 서로 마찬가지일세. 우리 집에도 보물이라고는 누이동생과 양뿐이야. 그 외엔 아무것도 없네. 모두 자네에게 주지. 또 하나 메로스의 매제가 되었다는 것을 자랑으로 알아주게."

신랑은 손을 비비면서 부끄러워했다. 메로스는 웃으면서 마을 사람들에게도 가볍게 목례를 하고 축하연 자리에서 나와 양 축사로 몰래 들어가서 죽은 듯이 깊이 잠들었다.

*** 心地**

心地(ここち)는 '기분, 느낌, 심정'이란 뜻으로, 단독으로 쓰이기보다는 명사와 함께 쓰이는 경우가 많다. 이때는 ごこち라고 발음하며 '~하는 기분, ~인 느낌'이란 뜻이 된다.

乗(の)り心地(ごこち) 승차감 **履(は)き心地(ごこち)** 착용감
寝心地(ねごこち) 잠자는 느낌
居心地(いごこち) 어떤 장소 · 지위에 있을 때의 느낌이나 기분

目が覚(さ)めたのは、明(あ)くる日の薄明(はくめい)のころである。メロスははね起(お)き、南無三(なむさん)、寝過(ねす)ごしたか、いや、まだまだ大丈夫、これからすぐに出発すれば、約束の刻限(こくげん)までには十分間(ま)に合(あ)う。今日はぜひとも、あの王に、人の信実(しんじつ)の存(そん)するところを見(み)せてやろう。そうして笑ってはりつけの台(だい)に登(のぼ)ってやる。メロスはゆうゆうと身(み)支度(じたく)を始めた。雨もいくぶん小降りになっている様子である。身支度はできた。さて、メロスはぶるんと両(りょう)腕(うで)を大きく振(ふ)って、雨中(うちゅう)、矢(や)のごとく[19]走(はし)り出(で)た。

- □ **薄明** 동틀 무렵
- □ **はね起きる** 벌떡 일어나다
- □ **南無三** 아차, 아뿔싸 〈南無三宝(なむさんぼう)의 준말〉
- □ **寝過ごす** 너무 오래 자다
- □ **まだまだ** 아직
- □ **刻限** (미리 정해진) 시각
- □ **間に合う** (시간에) 맞추다
- □ **ぜひとも** 꼭, 반드시
- □ **信実** 신실;성실하고 거짓과 꾸밈이 없음
- □ **存する** 있다, 존재하다
- □ **はりつけの台** 처형대
- □ **登る** 올라가다
- □ **ゆうゆうと** 유유히
- □ **身支度** 치장, 몸차림
- □ **いくぶん** 어느 정도
- □ **さて** 자, 그럼
- □ **ぶるんと** 휙휙, 붕붕
- □ **両腕** 양팔
- □ **振る** 흔들다
- □ **雨中** 빗속
- □ **矢のごとく** 화살처럼, 쏜살같이 =矢のように
- □ **走り出る** 달려나가다

잠에서 깬 것은 다음 날 동틀 무렵이다. 메로스는 벌떡 일어나서 아뿔싸! 너무 많이 잤나? 아냐, 아직은 괜찮아, 지금 바로 출발하면 약속한 시간까지는 충분히 갈 수 있어. 오늘은 꼭 저 왕에게 사람의 믿음과 진실이 존재한다는 것을 보여줄 것이다. 그리고 웃으면서 처형대로 올라가 줄 테다. 메로스는 유유히 떠날 몸채비를 하기 시작했다. 비도 어느 정도 잦아든 것 같다. 떠날 채비는 끝났다. 그리고 메로스는 휙휙 양팔을 크게 흔들며 빗속으로 쏜살같이 달려나갔다.

19 ～ごとく ～처럼, ～와 같이 [명사の+ごとく]

비유를 나타내는 표현으로, 조금 딱딱한 문어적인 느낌을 준다.

星(ほし)のごとく輝(かがや)く人生(じんせい)を。 별처럼 빛나는 인생을.

私は、今宵(こよい)、殺(ころ)される。殺されるために走るのだ。身代(みが)わりの友を救(すく)うために走るのだ。王の奸佞邪知(かんねいじゃち)を打(う)ち破(やぶ)るために走るのだ。走らなければならぬ。そうして、私は殺される。若(わか)い時から名誉(めいよ)を守(まも)れ。さらば、ふるさと。若いメロスはつらかった。幾度(いくど)か、立(た)ち止(ど)まりそうになった。えいえいと大声(おおごえ)あげて、自身(じしん)を叱(しか)りながら走った。村を出て、野を横切(よこぎ)り、森(もり)をくぐり抜(ぬ)け、隣村(となりむら)に着(つ)いたころには、雨もやみ、日は高く昇(のぼ)って、そろそろ暑くなってきた。

□救う 구하다
□奸佞邪知 사람의 마음이 간악하고 간사한 지혜를 발휘함
□打ち破る 깨부수다
□名誉 명예
□さらば 안녕
□ふるさと 고향
□つらい 괴롭다
□幾度 몇 번
□立ち止まる 멈춰 서다
□えいえいと 영차 영차
□大声 큰 목소리
□叱る 꾸짖다
□横切る 가로지르다, 횡단하다
□森 숲
□くぐり抜ける 빠져 나가다
□隣村 이웃 마을
□雨がやむ 비가 그치다
□日が昇る 해가 떠오르다
□そろそろ 슬슬

나는 오늘 밤 죽임을 당한다. 죽임을 당하기 위해서 달리는 것이다. 내 대신 잡혀 있는 친구를 구하기 위해 달리는 것이다. 왕의 비뚤어져 있는 마음과 간사한 지혜를 깨부수기 위해 달리는 것이다. 달려야 한다. 그리고 나는 죽임을 당한다. 젊었을 때부터 명예를 지켜라. 고향이여 안녕! 젊은 메로스는 괴로웠다. 몇 번이고 멈춰 설 뻔했다. 영차 영차 큰 소리를 내며 자신을 꾸짖으면서 달렸다. 마을을 떠나 들을 가로지르고 숲을 빠져 나가서 이웃 마을에 도착했을 때에는 비도 그치고 해는 높이 떠올라 슬슬 더워졌다.

メロスは額(ひたい)の汗(あせ)をこぶしで払(はら)い、ここまで来れば大丈夫、もはや故郷(こきょう)への未練(みれん)はない。妹たちは、きっとよい夫婦(ふうふ)になるだろう。私には、今、何(なん)の気(き)がかりもないはずだ。まっすぐに王城(おうじょう)に行(い)き着(つ)けば、それでよいのだ。そんなに急ぐ必要(ひつよう)もない。ゆっくり歩こうと、持(も)ち前(まえ)ののんきさを取(と)り返(かえ)し、好きな小歌(こうた)をいい声で歌い出した。

- 額 이마
- 汗 땀
- こぶし 주먹
- 払う 닦다, 털다, 제거하다
- もはや 이미, 벌써
- 故郷 고향
- きっと 반드시, 꼭, 틀림없이
- 夫婦 부부
- 気がかり 맘에 걸리는 것, 걱정거리, 근심
- まっすぐに 곧장
- 行き着く 도착하다, 다다르다
- 必要 필요
- ゆっくり 천천히
- 持ち前 타고난 천성
- のんきさ 느긋함, 태평함
- 取り返す 되찾다, 돌이키다, 회복하다
- 小歌 노래, 짧은 노래

메로스는 이마의 땀을 주먹으로 닦아 내며 "여기까지 왔으면 됐다, 이제 고향에 대한 미련은 없다. 누이동생과 매제는 틀림없이 좋은 부부가 될 것이다. 나에게는 지금 분명 아무런 걱정거리도 없다. 곧장 왕의 성에 도착하면 그것으로 되는 것이다. 그렇게 서두를 필요도 없다. 천천히 걷자." 하고 타고난 태평스러움을 되찾고는 좋아하는 노래를 멋진 목소리로 부르기 시작했다.

ぶらぶら歩いて二里行き三里行き、そろそろ全里程の半ばに到達したころ、降ってわいた災難、メロスの足は、はたと止まった。見よ、前方の川を。昨日の豪雨で山の水源地は氾濫し、濁流とうとうと下流に集まり、猛勢一挙に橋を破壊し、どうどうと響きをあげる激流が、こっぱみじんに橋げたをはね飛ばしていた。彼はぼうぜんと立ちすくんだ。あちこちと眺め回し、また、声を限りに呼び立ててみたが、繋舟*は残らず波にさらわれて影なく、渡し守*の姿も見えない。

- ぶらぶら 어슬렁어슬렁
- 全里程 (여행에서의) 모든 일정, 여정, 거리
- 半ば 중간, 도중
- 到達する 도달하다, 다다르다
- 降ってわく 전혀 생각지 못한 일이 일어나다
- 災難 재난
- はたと 갑자기, 문득
- 止まる 멈추다
- 前方 앞쪽, 전방
- 水源地 수원지
- 氾濫する 범람하다
- 濁流 탁류
- とうとうと 많은 물이 힘차게 흐르는 모양, 도도히
- 下流 하류
- 集まる 모이다, 모여들다
- 猛勢 맹렬한 기세
- 一挙に 한번에, 단번에
- 橋 다리
- 破壊する 파괴하다
- どうどうと (큰 물줄기가 쏟아져 내리는 소리) 콸콸, 좔좔
- 響きをあげる 소리를 내다
- 激流 격류
- こっぱみじん 산산조각이 남
- 橋げた 다리 상판
- はね飛ばす 날려 버리다
- ぼうぜんと 멍하니
- 立ちすくむ 놀람이나 공포 등으로 선 채 움직이지 못하다
- 眺め回す 둘러보다
- 声を限りに 목청껏
- 呼び立てる 큰소리로 부르다
- 波 파도, 물결
- ～にさらわれる ～에 휩쓸려가다
- 影 흔적, 그림자, 형체, 자취

어슬렁어슬렁 걸어서 이십 리를 가고 삼십 리를 가서 슬슬 모든 여정의 중간 지점에 도달했을 때, 전혀 생각지도 못한 재난이 닥쳐와 메로스의 발은 갑자기 멈췄다. 보라, 앞쪽의 강을! 어제 쏟아진 호우로 인해 산의 수원지가 범람하여 탁류가 도도하게 하류로 모여 맹렬한 기세로 일거에 다리를 무너뜨리고 콸콸 소리 내며 흐르는 격류가 다리 상판을 산산조각으로 날려 버렸다. 그는 멍하니 멈춰 섰다. 여기저기를 둘러 보고 또 목청껏 소리쳐 보았지만 나룻배는 남김없이 파도에 쓸려가서 흔적도 없고, 뱃사공의 모습도 보이지 않는다.

*** 繋舟**

강 언덕에 묶어 놓은 배를 가리키는 말로 여기서는 '나룻배'를 뜻한다. '묶다, 매다'란 뜻인 繋(つな)ぐ와 '배'란 뜻인 舟(ふね)가 합쳐진 말이다.

*** 渡し守**

'나루터를 지키는 사람, 뱃사공'을 뜻하는 말로, '강을 건넘'이란 뜻의 渡(わた)し와, '지키는 사람'이란 뜻의 守(もり)가 합쳐진 말이다.

流(なが)れはいよいよ膨(ふく)れ上(あ)がり、海(うみ)のようになっている。メロスは川岸(かわぎし)にうずくまり、男泣(おとこな)き*に泣きながらゼウスに手を上げて哀願(あいがん)した。

「ああ、静(しず)めたまえ、荒(あ)れ狂(くる)う流れを！ 時は刻々(こくこく)に過ぎていきます。太陽(たいよう)もすでに真昼時(まひるどき)です。あれが沈(しず)んでしまわぬうちに[20]、王城(おうじょう)に行き着くことができなかったら、あの良い友達が、私のために死ぬのです。」

□ 流れ 강물, 물결
□ 膨れ上がる 부풀어오르다, 급증하다
□ 川岸 강 언덕
□ うずくまる 웅크리고 앉다
□ ゼウス 제우스 〈그리스 신화에 나오는 최고의 신〉
□ 手を上げる 손을 올리다
□ 哀願する 애원하다
□ 静める 가라앉히다, 진정시키다
□ 荒れ狂う 미쳐 날뛰다, (바람·파도 등이) 몹시 거칠어지다
□ 刻々に 시시각각
□ 太陽 태양
□ 沈む 가라앉다, 지다

강물은 마침내 넘쳐 올라 바다와 같이 되었다. 메로스는 강 언덕에 웅크리고 앉아 큰 소리로 울면서 제우스에게 손을 들어서 애원했다.

"아아, 가라앉혀 주시오! 거친 저 강물을! 시간은 시시각각 지나갑니다. 태양도 이미 한낮입니다. 해가 지기 전에 왕의 성에 도착하지 못하면 그 좋은 친구가 저 때문에 죽습니다."

---

20 ～ぬうちに ～(하)지 않는 사이(동안)에 [동사 ない형+ぬうちに]

어떤 상황이 되기 전에 행동을 취하자고 할 때 쓰는 표현으로, ぬ는 ない의 옛말이므로 현대어에서는 ～ないうちに라고 한다.

雨(あめ)が降(ふ)らないうちに、早(はや)く帰(かえ)りましょう。
비가 내리기 전에 빨리 집에 갑시다.

★ 男泣き

좀처럼 울지 않는 남자가 슬픔이나 억울함 또는 감격에 겨워 억제하지 못하고 우는 울음을 말한다. 男泣(おとこな)きに泣(な)く의 형태로 많이 쓰이며 '사나이 울음으로 울다'란 뜻이다.

濁流(だくりゅう)は、メロスの叫(さけ)びをせせら笑(わら)うごとく、ますます激(はげ)しく躍(おど)り狂(くる)う。波(なみ)は波をのみ、巻(ま)き、あおり立(た)て、そうして、時は、刻一刻(こくいっこく)と消(き)えていく。今はメロスも覚悟(かくご)した。泳(およ)ぎ切(き)るよりほかにない[21]。ああ、神々も照覧(しょうらん)あれ！ 濁流にも負(ま)けぬ愛(あい)と誠(まこと)の偉大(いだい)な力(ちから)を、今こそ発揮(はっき)して見せる。メロスはざんぶと流れに飛(と)び込(こ)み、百匹(ひゃっぴき)の大蛇(だいじゃ)のようにのた打(う)ち荒(あ)れ狂(くる)う波を相手(あいて)に、必死(ひっし)の闘争(とうそう)を開始(かいし)した。満身(まんしん)の力(ちから)を腕(うで)に込(こ)めて、押(お)し寄(よ)せ渦巻(うずま)き引(ひ)きずる流れを、何のこれしきとかき分(わ)けかき分け、

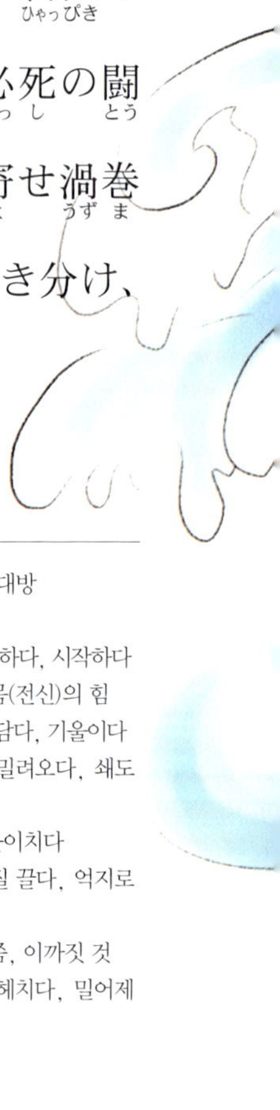

- □ 叫び 외침
- □ せせら笑う 코웃음치다, 비웃다
- □ ますます 점점 더
- □ 激しい 거세다, 격렬하다
- □ 躍り狂う 미쳐 날뛰다, 미친 듯이 춤추다
- □ 波をのむ 파도를 삼키다
- □ 巻く 휘감다
- □ あおり立てる 부추기다
- □ 刻一刻と 시시각각
- □ 消える 사라지다
- □ 覚悟する 각오하다
- □ 泳ぎ切る 헤엄쳐 건너다
- □ 照覧 조람, 굽어 살핌
- □ 負ける 지다, 패하다
- □ 愛 사랑, 애정
- □ 誠 진실, 정성
- □ 偉大だ 위대하다
- □ 今こそ 지금이야말로 〈こそ는 앞말에 붙어 그 상황을 강조함〉
- □ 発揮する 발휘하다
- □ ざんぶと 풍덩하고
- □ 飛び込む 뛰어들어가다
- □ 大蛇 큰 뱀, 구렁이
- □ のた打つ 괴로워 몸부림치다, 몸부림치며 뒹굴다
- □ 相手 상대, 상대방
- □ 闘争 투쟁
- □ 開始する 개시하다, 시작하다
- □ 満身の力 온몸(전신)의 힘
- □ 込める 넣다, 담다, 기울이다
- □ 押し寄せる 밀려오다, 쇄도하다
- □ 渦巻く 소용돌이치다
- □ 引きずる 질질 끌다, 억지로 끌고 가다
- □ これしき 이쯤, 이까짓 것
- □ かき分ける 헤치다, 밀어제치다, 헤집다

탁류는 메로스의 외침을 비웃기라도 하듯이 점점 거세게 날뛴다. 파도는 파도를 삼키고 휘감고 높이 치솟으며, 그렇게 하여 시간은 시시각각 흘러간다. 이제 메로스도 각오했다. 헤엄쳐 건널 수밖에 없다. 아아, 신들이시여, 굽어 살피소서! 탁류에도 지지 않는 애정 어린 진실된 마음의 위대한 힘을 지금이야말로 발휘해 보일테다. 메로스는 텀벙하고 강물로 뛰어들어가 백 마리의 구렁이처럼 괴로워 몸부림치는 거친 파도를 상대로 필사의 투쟁을 시작했다. 온몸의 힘을 팔에 모아, 밀려와서 소용돌이치며 휩쓸려 가는 강물을 이까짓 것쯤이야 하며 헤치고 또 헤쳐 나가는

---

21 ～よりほかにない ～이외에는 없다, ～수밖에 없다
[동사 기본형, 명사+よりほかにない]

뒤에 부정 표현을 동반하여 그 이외에는 다른 방법이 없다는 것을 강조할 때 쓴다.

彼の判断(はんだん)にまかせるよりほかにありません。
그의 판단에 맡기는 수밖에 없습니다.

獅子奮迅(ししふんじん)の人の子の姿には、神(かみ)も哀(あわ)れと思ったか、ついに憐愍(れんびん)を垂(た)れてくれた。押(お)し流(なが)されつつも[22]、見事(みごと)、対岸(たいがん)の樹木(じゅもく)の幹(みき)に、すがりつくことができたのである。ありがたい。メロスは馬(うま)のように大きな胴震(どうぶる)いを一つして、すぐにまた先(さき)を急いだ。一刻(いっこく)といえども、無駄(むだ)にはできない。日(ひ)はすでに西(にし)に傾(かたむ)きかけている。ぜいぜい荒(あら)い呼吸(こきゅう)をしながら峠(とうげ)を登(のぼ)り、登りきって、ほっとした時(とき)、突然(とつぜん)、目の前に一隊(いったい)の山賊(さんぞく)が躍(おど)り出(で)た。

- □ 獅子奮迅 사자분신;사자가 성낸 듯 그 기세가 거세고 날램
- □ 哀れ 가엾음, 불쌍함
- □ ついに 드디어
- □ 憐愍を垂れる (연민을 느끼며) 온정을 베풀다
- □ 押し流される 밀려서 떠내려가다
- □ 見事だ 훌륭하다
- □ 対岸 건너편 강 언덕
- □ 樹木 나무, 수목
- □ 幹 나뭇가지
- □ すがりつく 매달리다, 달라붙다
- □ 胴震い 몸을 털다, 무서움과 추위 등으로 인하여 온 몸이 부들부들 떨림
- □ 先を急ぐ 갈 길을 서두르다, 행선지를 서두르다
- □ 一刻 일각, 잠시, 한시
- □ ～といえども 비록 ~라 하더라도(할지라도)
- □ 無駄だ 허비하다, 쓸데없다
- □ 傾きかける 기울기 시작하다
- □ ぜいぜい 헉헉, 씩씩 〈힘들어서 숨이 차는 소리〉
- □ 荒い 거칠다
- □ 呼吸 호흡, 숨소리
- □ 峠 고개, 언덕
- □ 登りきる 끝까지 올라가다 〈きる는 동사 ます형에 붙어 다 ~(하)다, 완전히 ~(하)다란 뜻을 만듬〉
- □ ほっとする 안도하다
- □ 突然 돌연, 갑자기
- □ 一隊 한 무리
- □ 山賊 산적
- □ 躍り出る 갑자기 튀어나오다

성난 사자와 같은 사람의 모습에는 신들도 불쌍하게 생각했는지 결국 온정을 베풀어 주었다. 밀려서 떠내려가면서도 멋지게 건너편 강 언덕에 있는 나뭇가지에 매달릴 수가 있었던 것이다. 고마운 일이다. 메로스는 말처럼 크게 몸을 한번 떨고 곧바로 갈 길을 서둘렀다. 일각도 허비할 수는 없다. 해는 이미 서쪽으로 기울기 시작하고 있다. '헉헉' 하고 거친 숨소리를 내면서 언덕을 올라 끝까지 다 올라와서 안도하고 있을 때 갑자기 눈앞에 한 무리의 산적이 튀어나왔다.

---

22 ～つつも ～(하)면서도, ～에도 불구하고 [동사 ます형+つつも]

어떤 상태나 동작에 모순이 되는 일이 일어난 것을 나타내는 표현으로, 말하는 이가 반성 · 후회 · 고백 등을 할 때 쓴다.

それは悪(わる)いと知(し)りつつも、辞(や)めることができなかった。
그건 나쁘다는 걸 알면서도, 그만둘 수가 없었다.

「待て。」

「何をするのだ。私は日の沈(しず)まぬうちに王城へ行かなければならぬ。放(はな)せ。」

「どっこい放さぬ。持(も)ち物(もの)全部(ぜんぶ)を置いていけ。」

「私には、命(いのち)のほかには何もない。そのたった一つの命も、これから王にくれてやる*のだ。」

「その命が欲(ほ)しいのだ。」

「さては、王の命令(めいれい)で、ここで私を待(ま)ち伏(ぶ)せしていたのだな。」

□ **放す** 놓아주다, 풀어주다
□ **どっこい** 상대편의 말이나 행동을 저지할 때 내는 소리, 어딜, 웬걸
□ **持ち物** 가진 것, 소지품
□ **さては** 그럼, 그렇다면
□ **待ち伏せ** 잠복

"기다려라!"

"뭐하는 게냐? 나는 해가 지기 전에 왕의 성으로 가야 한다. 놔라!"

"어딜! 못 놓아 주지. 가진 걸 다 내놓고 가라."

"나에겐 목숨 외엔 아무 것도 없다. 그 단 하나의 목숨도 곧 왕에게 줄 것이다."

"그 목숨을 갖고 싶은 거다."

"그렇다면 왕의 명령으로 여기서 나를 숨어서 기달리고 있었군."

*** 王にくれてやる**

くれる는 남이 나에게 뭔가를 주는 경우에 쓰는 말인데, 고어에서는 내가 남에게 뭔가를 주는 경우에도 쓰였다. 본문에서의 くれる도 메로스 자신이 왕에게 준다는 뜻으로 쓰였다.

山賊たちはものも言わず、一斉(いっせい)に棍棒(こんぼう)を振(ふ)り上(あ)げた。メロスはひょいと、体を折(お)り曲(ま)げ、飛鳥(ひちょう)のごとく身近(みぢか)の一人に襲(おそ)いかかり、その棍棒を奪(うば)い取(と)って、

「気(き)の毒(どく)だが正義(せいぎ)のためだ！」と猛然一撃(もうぜんいちげき)、たちまち三人を殴(なぐ)り倒(たお)し、残(のこ)る者(もの)のひるむすきに、さっさと走って峠(とうげ)を下(くだ)った。一気(いっき)に峠を駆(か)け降(お)りたが、さすがに疲労(ひろう)し、折(おり)から午後(ごご)の灼熱(しゃくねつ)の太陽(たいよう)がまともにかっと照(て)ってきて、メロスは幾度(いくど)となくめまいを感じ、これではならぬ、と

□ものも言わず 아무 말도 하지 않고
□一斉に 일제히
□棍棒 곤봉
□振り上げる 치켜들다, 치켜올리다
□ひょいと 가볍게, 손쉽게, 훌쩍
□折り曲げる 구부리다
□飛鳥 하늘을 나는 새
□身近 신변, 자신의 몸 가까운 곳
□襲いかかる 달려들다
□奪い取る 억지로 빼앗다, 탈취하다
□気の毒だ 안됐다, 불쌍하다
□正義 정의
□猛然 기세가 힘참, 맹렬한 기세
□一撃 일격, 한번 세게 침
□たちまち 금새, 금방
□殴り倒す 때려눕히다
□残る 남다
□ひるむ 겁먹다, 풀이 죽다
□さっさと 바로, 당장
□下る 내려가다
□一気に 단번에
□駆け降りる 달려 내려오다
□さすがに 과연, 정말
□疲労する 피곤하다
□折から 때마침, 마침 그때
□灼熱 작열;햇빛이 쨍쨍하다
□太陽 태양
□まともに 정면으로
□かっと 쨍쨍
□照る 비추다
□幾度となく 몇 번이고
□めまい 현기증 <めまいがする 현기증이 나다>

산적들은 아무 말도 하지 않고 일제히 곤봉을 치켜 들었다. 메로스는 가볍게 몸을 구부려 나는 새처럼 바로 옆에 있던 한 명에게 달려들어 그 곤봉을 빼앗아 들고,

"안됐지만, 정의를 위해서다!"라며 맹렬하게 일격을 가해 순식간에 세 명을 때려눕히고 나머지 산적들이 겁먹은 틈을 타서 재빨리 고개를 달려 내려왔다. 단번에 고개를 달려 내려왔지만, 너무 피곤하고 때마침 오후의 작열하는 태양이 정면에서 쨍쨍 비추고 있어서 메로스는 몇 번이나 현기증을 느껴, 이래서는 안 되겠다고,

気を取(と)り直(なお)しては、よろよろ二(に)、三歩(さんぽ)歩いて、ついに、がくりと膝(ひざ)を折った。立ち上がることができぬのだ。天(てん)を仰(あお)いで、悔(くや)し泣(な)きに泣き出した。ああ、あ、濁流(だくりゅう)を泳(およ)ぎきり、山賊(さんぞく)を三人も撃(う)ち倒(たお)し、韋駄天(いだてん)*、ここまで突破(とっぱ)してきたメロスよ。真(しん)の勇者(ゆうしゃ)、メロスよ。今ここで、疲れきって動けなくなるとは情(なさ)けない。愛する友は、お前を信じたばかりに[23]、やがて殺されなければならぬ。

□ **気を取り直す** 마음을 고쳐 먹다
□ **よろよろ** 비틀비틀
□ **がくりと** 푹, 축, 풀썩
□ **膝を折る** 무릎을 꿇다, 주저앉다
□ **立ち上がる** 일어서다
□ **天を仰ぐ** 하늘을 올려다보다
□ **悔し泣き** 분해서 욺
□ **突破する** 돌파하다
□ **撃ち倒す** 쳐서 넘어뜨리다, 때려 눕히다, 쏘아 쓰러뜨리다.
□ **真の～** (뒤에 명사가 와서) 진정한 ~
□ **勇者** 용감한 자
□ **疲れきる** 너무 피곤하다, 녹초가 되다
□ **情けない** 한심하다
□ **愛する** 사랑하다

마음을 고쳐먹고는 비틀비틀 두세 걸음 걷다가 그만 푹 주저앉았다. 일어설 수가 없는 것이다. 하늘을 올려다보고 분해서 울기 시작했다. 아아! 아! 탁류를 헤엄쳐 건너고 산적을 세 명이나 때려눕히고 쏜살같이 여기까지 돌파해 온 메로스여! 진정으로 용감한 자, 메로스여! 지금 여기서 완전히 녹초가 되어 움직일 수 없게 되다니 한심하도다. 사랑하는 벗은 나를 믿었기 때문에 결국 죽임을 당해야 한다.

---

23 ～たばかりに ～한 것이 원인이 되어, ～한 탓으로 [동사 た형+ばかりに]

앞에 오는 말이 원인이나 이유가 되어 좋지 않은 상황이 발생하는 경우에 쓴다.

頼(たの)まれたばかりに、立場(たちば)が困(こま)っています。
부탁받은 것이 원인이 되어, 입장이 곤란합니다.

＊ 韋駄天

걸음이 빠른 사람을 뜻하는데, 원래 韋駄天(いだてん)은 불교에서 불법 특히 승려와 사원의 수호신으로, 걸음이 매우 빠른 것으로 알려져 있는 데에서 비롯된 말이다. 韋駄天(いだてん)走(ばし)り는 '매우 빨리 달림'이란 뜻이다.

お前は稀代(きだい)の不信(ふしん)の人間、まさしく王の思うつぼ*だぞ、と自分を叱(しか)ってみるのだが、全身(ぜんしん)なえて、もはや芋虫(いもむし)ほどにも前進(ぜんしん)かなわぬ。路傍(ろぼう)の草原(そうげん)にごろりと寝転(ねころ)がった。身体疲労(しんたいひろう)すれば、精神(せいしん)もともにやられる。もう、どうでもいいという、勇者に不似合(ふにあ)いなふてくされた根性(こんじょう)が、心の隅(すみ)に巣(す)くった。私はこれほど努力(どりょく)したのだ。約束を破(やぶ)る心は、みじんもなかった*。神も照覧(しょうらん)、私は精一杯(せいいっぱい)に努(つと)めてきたのだ。動けなくなるまで走ってきたのだ。

- 稀代 희대, 희세, 세상에 드묾
- 不信 불신
- まさしく 정말, 그야말로
- なえる (맥이 빠져서) 나른해지다, 시들다
- もはや 이미, 벌써 =すでに
- 芋虫 (나방 등의) 유충, 애벌레
- 前進 전진
- かなう 이루어지다
- 路傍 길가
- 草原 풀밭, 초원
- ごろりと 벌렁
- 寝転がる 아무렇게나 드러눕다, 누워 뒹굴다
- 身体疲労 신체 피로
- 精神 정신
- 〜もともに ~도 함께, ~도 같이, ~도 더불어
- やられる 피해를 당하다
- 不似合いだ 어울리지 않다
- ふてくされる 불평이나 불만으로 반항적인 태도를 보이거나 될 대로 되라는 태도를 보이다
- 根性 근성
- 心の隅 마음 한 구석
- 巣くう 둥지를 틀다
- 努力する 노력하다
- 約束を破る 약속을 어기다
- 精一杯に 온 힘을 다해, 힘껏

너는 희대의 못 믿을 인간, 그야말로 왕의 생각대로 되는 것이냐라고 자신을 꾸짖어 보지만 온몸의 맥이 빠지며 나른해져서 이미 애벌레만큼도 앞으로 나아갈 수가 없다. 길가의 풀밭에 벌렁 드러누웠다. 몸이 피로하면 정신도 같이 병이 든다. 이제 어떻게 되든 상관없다는 용감한 자에게 어울리지 않는 비뚤어진 근성이 마음 한 구석에 둥지를 틀었다. 나는 이만큼 노력했다. 약속을 어길 마음은 티끌만큼도 없었다. 신도 보셨듯이 나는 온 힘을 다해 힘껏 노력했다. 움직일 수 없게 될 때까지 달려온 것이다.

*** 思うつぼ**

어떤 사물 또는 상황이 자기 생각대로 마음대로 되는 것을 나타내는 말이다. 여기서는 메로스가 돌아오지 않으면 왕이 처음부터 생각했던 대로 된다는 것을 의미한다.

*** みじんもない**

아주 작은 티끌이나 손톱만큼도 없다는 뜻의 표현으로, 전혀 없다는 뜻이 되기도 한다. 여기서 みじん(微塵)은 작고 미세한 먼지나 티끌을 말하는데, みじんも~ない는 '조금도 ~않다'란 뜻이 된다.

私は不信の徒(とう)ではない。ああ、できることなら私の胸を断(た)ち割(わ)って、真紅(しんく)の心臓(しんぞう)をお目にかけたい。愛(あい)と信(しん)実(じつ)の血液(けつえき)だけで動いている、この心臓を見せてやりたい。けれども私は、この大事な時に、精(せい)も根(ね)も尽(つ)きた*のだ。私はよくよく不幸(ふこう)な男だ。私はきっと笑われる。私の一家(いっか)も笑われる。私は友を欺(あざむ)いた。中途(ちゅうと)で倒(たお)れるのは、初(はじ)めから何もしないのと同じことだ。ああ、もう、どうでもいい。これが、私の定(さだ)まった運命(うんめい)なのかもしれない。

□ 徒 무리
□ 断ち割る 가르다, 쪼개다
□ 真紅 진홍, 다홍색
□ 心臓 심장
□ 目にかける 보여 주다
□ 血液 혈액
□ 尽きる 다하다, 끝나다
□ よくよく 몹시, 더할 나위 없이, 무척, 지지리
□ 不幸だ 불행하다
□ 笑われる 웃음거리가 되다
□ 一家 일가족, 가족 모두
□ 欺く 속이다
□ 中途 도중
□ 倒れる 쓰러지다
□ 初めから 처음부터
□ 定まる 정해지다 〈定める 정하다〉
□ 運命 운명
□ ~かもしれない (동사·い형용사·な형용사 어간·명사의 보통형에 붙어) ~(인)지 모른다

나는 못 믿을 무리가 아니다. 아아, 할 수만 있다면 내 가슴을 갈라서 새빨간 심장을 보여 주고 싶다. 사랑과 신실의 혈액만으로 움직이고 있는 이 심장을 보여 주고 싶다. 하지만 나는 이 중요한 때에 정력도 기력도 다한 것이다. 나는 몹시 불행한 남자다. 나는 틀림없이 웃음거리가 될 것이다. 내 가족들 모두 웃음거리가 될 것이다. 나는 친구를 속였다. 도중에 쓰러지는 것은 처음부터 아무것도 하지 않는 것과 마찬가지다. 아아! 이제 어떻게 되든 상관없다. 이것이 나의 정해진 운명일지도 모른다.

＊ 精も根も尽きる

'심신의 정력과 기력을 남김없이 모두 다하다'라는 뜻으로, 精(せい)는 '정신, 정력'을 根(ね)는 '기력, 근력'을 뜻한다.

セリヌンティウスよ、許(ゆる)してくれ。君(きみ)はいつでも私を信じた。私も君を欺かなかった。私たちは、本当に良い友と友であったのだ。一度だって、暗い疑惑(ぎわく)の雲(くも)を、お互(たが)い胸(むね)に宿(やど)したことはなかった[24]。今だって、君は私を無心(むしん)に待(ま)っているだろう。ああ、待っているだろう。ありがとう、セリヌンティウス。よくも私を信じてくれた。それを思えば、たまらない。友と友の間(あいだ)の信実は、この世(よ)で一番誇(ほこ)るべき宝(たから)なのだからな。セリヌンティウス、私は走ったのだ。君を欺(あざむ)くつもりは、みじんもなかった。信じてくれ！ 私は急ぎに急いでここまで来たのだ。

- 許す 용서하다
- 信じる 믿다
- 疑惑 의혹
- お互い 서로
- 胸に宿す 마음에 품다
- 無心に 다른 생각 없이, 사심이 없이, 순진하게, 천진난만하게
- よくも 잘도
- たまらない 견딜 수 없다, 참을 수 없다
- この世 이 세상

세리눈티우스여, 용서해 주게. 자네는 언제나 나를 믿었다. 나도 자네를 속이지 않았다. 우리들은 정말로 좋은 벗들이었네. 한 번도 검은 의혹의 구름을 서로 가슴에 품은 적은 없었다. 지금도 자네는 나를 아무 사심 없이 기다리고 있겠지. 아아! 기다리고 있겠지. 고맙다, 세리눈티우스여. 잘도 나를 믿어 주었다. 그것을 생각하면 견딜 수 없다. 벗과 벗 사이의 신실은 이 세상에서 가장 자랑할 만한 보물이니까 말이야. 세리눈티우스, 나는 달렸네. 자네를 속일 생각은 티끌만큼도 없었네. 믿어 주게! 나는 서두르고 또 서둘러서 여기까지 왔네.

---

24 ~たことはない ~한 적은 없다

[동사 · い형용사 · な형용사의 た형+ことはない]

과거부터 현재까지 어떤 행동이나 일을 해 본 경험이 없음을 나타낸다. ~たことがない(~한 적이 없다)보다 말하는 이의 의지가 더욱 강조된 표현이다.

今(いま)まで両親(りょうしん)に嘘(うそ)をついたことはありません。
지금까지 부모님께 거짓말을 한 적은 없습니다.

濁流を突破(とっぱ)した。山賊(さんぞく)の囲(かこ)みからもするりと抜(ぬ)けて、一気に峠(とうげ)を駆(か)け降(お)りてきたのだ。私だから、できたのだよ。ああ、この上、私に望(のぞ)みたもうな*。放(ほう)っておいてくれ。どうでもいいのだ。私は負(ま)けたのだ。だらしがない。笑ってくれ。王は、私に、ちょっと遅(おく)れてこい、と耳(みみ)打(う)ちした。遅れたら、身代(みが)わりを殺(ころ)して、私を助(たす)けてくれると約束した。私は王の卑劣(ひれつ)を憎(にく)んだ。けれども、今になってみると、私は王の言うままになっている。

□ 囲み 포위, 에워쌈
□ するりと 싹, 슬쩍, 살짝, 스르륵
□ 抜ける 빠져 나오다
□ この上 이 이상
□ 望む 바라다
□ 放っておく 내버려 두다
□ だらしがない 칠칠치 못하다
□ 耳打ちする 귓속말을 하다
□ 助ける 돕다, 도와 주다, 구하다
□ 卑劣 비열
□ 憎む 증오하다, 미워하다
□ ～まま (동사 기본형에 붙어) ~(하)는 대로, ~그대로 〈足の向(む)くまま 발길 닿는 대로, 気の向(む)くまま 마음 내키는 대로〉

탁류를 돌파했어. 산적의 포위로부터도 싹 빠져 나와서 단번에 고개를 달려 내려왔네. 나였기에 가능했던 일이네. 아아, 이 이상 나에게 바라지 말아 주게. 내버려 둬 주게. 아무래도 좋다. 나는 진 것이다. 칠칠치 못하다. 비웃어 주게. 왕은 나에게 좀 늦게 오라고 귓속말을 했다. 늦으면 대신 잡혀온 사람을 죽이고 나를 살려 준다고 약속했다. 나는 왕의 비열함을 미워했다. 하지만 이제 와서 보니 나는 왕이 말한 대로 되어 있다.

*** 望みたもうな**

'바라지 말게'란 뜻으로, たもう는 가벼운 존경을 나타내는 たまう와 같은 말이다. 따라서 望(のぞ)みたまうな라고 바꾸어 말해도 된다.

私は、遅れていくだろう。王は、独(ひと)り合点(がてん)*して私を笑い、そうして、こともなく私を放免(ほうめん)するだろう。そうなったら、私は死ぬよりつらい。私は永遠(えいえん)に裏切(うらぎ)り者(もの)だ。地上(ちじょう)で最(もっと)も不名誉(ふめいよ)の人種(じんしゅ)だ。セリヌンティウスよ、私も死ぬぞ。君と一緒に死なせてくれ。君だけは私を信じてくれるに違(ちが)いない[25]。いや、それも私の独(ひと)りよがりか？ああ、もういっそ、悪徳者(あくとくもの)として生(い)き延(の)びてやろうか。

- □ こともなく 쉽게, 용이하게
- □ 放免する 방면하다, 풀어주다
- □ 裏切り者 배신자
- □ 地上 지상
- □ 最も 가장
- □ 不名誉 불명예
- □ 人種 인종
- □ いや 아니 〈いいえ의 회화체 표현으로, 반말투의 가벼운 대답임〉
- □ 独りよがり 독선
- □ いっそ 차라리, 오히려
- □ 悪徳者 악덕한 자
- □ 生き延びる 살아남다

나는 늦게 갈 것이다. 왕은 혼자 멋대로 생각하여 나를 비웃고, 그리고는 쉽게 나를 풀어주겠지. 그렇게 되면 나는 죽는 것보다 괴롭다. 나는 영원히 배신자이다. 지상에서 가장 불명예스러운 인종이다. 세리눈티우스여, 나도 죽을 것이다. 자네와 함께 죽게 해 다오. 자네만은 나를 믿어줄 것임에 틀림없다. 아니 그것도 나의 독선인가? 아아, 차라리 악덕한 자로 살아남을까?

25 ~に違いない ~임에 틀림없다

[동사 · い형용사 · な형용사 어간 · 명사(である)의 보통형+に違いない]

말하는 이의 생각이나 추측을 자기 스스로 납득하고 인정할 때 쓰는 표현이다.

すでに結果(けっか)を知(し)っているに違(ちが)いない。
이미 결과를 알고 있음에 틀림없다.

★ 独り合点

원래 일본의 전통 시가인 和歌(わか)를 비평한 후에 심사위원이 좋은 작품에 표를 준다는 뜻이었으나 지금은 '자기 혼자만의 생각으로 마음대로 짐작하거나 단정짓다'는 뜻으로 쓰인다. 合点은 '납득, 수긍'이란 뜻으로 がってん이라고도 읽는다.

村には私の家(いえ)がある。羊(ひつじ)もいる。妹夫婦は、まさか私を村から追(お)い出(だ)すようなことはしないだろう。正義(せいぎ)だの、信実(しんじつ)だの、愛(あい)だの、考えてみれば、くだらない。人を殺(ころ)して自分(じぶん)が生(い)きる。それが人間世界の定法(じょうほう)*ではなかったか。ああ、何もかもばかばかしい。私は、醜(みにく)い裏切(うらぎ)り者(もの)だ。どうとも、勝手(かって)にするがよい。やんぬるかな。——四肢(しし)を投(な)げ出(だ)して、うとうと、まどろんでしまった。

- □まさか 설마
- □追い出す 쫓아내다, 내쫓다
- □くだらない 하찮다, 쓸데없다
- □生きる 살다
- □人間世界 인간세계
- □何もかも 무엇이든, 뭐든지
- □ばかばかしい 시시하다, 어처구니없다, 몹시 어리석다
- □醜い 추하다
- □どうとも 어떻게든
- □勝手にする 멋대로 하다, 마음대로 하다
- □やんぬるかな 이젠 끝장이다, 이제 어쩔 도리가 없다
- □四肢 사지, 몸의 팔다리
- □投げ出す 내던지다, 내팽개치다, 포기하다
- □うとうと 꾸벅꾸벅
- □まどろむ 잠시 졸다

마을에는 나의 집이 있다. 양도 있다. 누이동생 부부는 설마 나를 마을에서 쫓아내지는 않겠지. 정의라든가 신실이라든가 사랑이라든가 하는 것은 생각해 보면 하찮다. 남을 죽이고 내가 산다. 그것이 인간세계의 불변의 법칙이 아니었던가? 아아, 모든 것이 바보 같은 짓이다. 나는 추한 배신자다. 어떻게 하든 마음대로 해라. 이젠 끝장이다. —— 팔다리를 쭉 뻗고 꾸벅꾸벅하고 잠시 졸고 말았다.

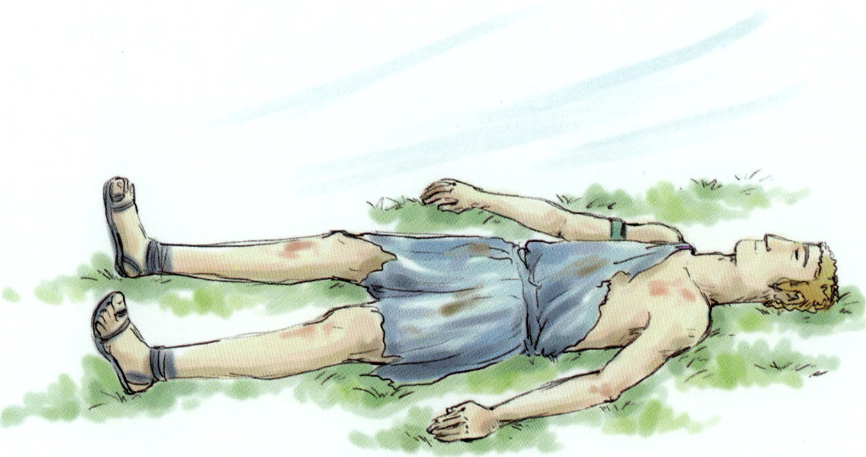

＊ 定法

어떠한 일이 있어도 결코 바뀌거나 없어지지 않는 이미 법률처럼 정해져 있는 것을 말한다. 즉, '불변의 법칙'이라고 해석할 수 있다.

ふと耳に、せんせん、水の流(なが)れる音が聞こえた。そっと頭をもたげ、息(いき)をのんで耳を澄(す)ました。すぐ足元(あしもと)で、水が流れているらしい。よろよろ起(お)き上(あ)がって、見ると、岩(いわ)の裂(さ)け目(め)からこんこんと、何か小さくささやきながら、清水(しみず)が湧(わ)き出(で)ているのである。その泉(いずみ)に吸(す)い込(こ)まれるように、メロスは身(み)をかがめた。水を両手(りょうて)ですくって、一口(ひとくち)飲(の)んだ。ほうと長いため息(いき)が出て、夢(ゆめ)から覚(さ)めたような気がした。歩ける。行こう。肉体(にくたい)の疲労回復(ひろうかいふく)とともに、わずかながら希望(きぼう)が生(う)まれた。

- □ ふと 문득
- □ せんせん 졸졸, 물이 흐르는 소리
- □ 流れる 흐르다
- □ 音が聞こえる 소리가 들리다
- □ そっと 살짝
- □ もたげる 들다, 쳐들다
- □ 息をのむ 숨을 죽이다
- □ 耳を澄ます 귀를 기울이다
- □ 起き上がる 일어서다
- □ 岩 바위
- □ 裂け目 (깨어진) 틈
- □ こんこんと 물 등이 끊임없이 솟아나거나 흐르는 모양, 졸졸 콸콸
- □ ささやく 속삭이다
- □ 清水 지면이나 바위 틈에서 솟아나오는 맑고 차가운 물
- □ 湧き出る 솟아나오다
- □ 泉 샘
- □ 吸い込む 빨아 들이다, 들이마시다
- □ 身をかがめる 몸을 숙이다
- □ すくう 뜨다, 건져 내다
- □ 一口 한 입, 한 모금
- □ ほうと 한숨을 쉬는 모양, 휴~
- □ ため息が出る 한숨이 나오다
- □ 夢から覚める 꿈에서 깨다
- □ 気がする 기분이 들다
- □ 肉体 육체
- □ 疲労回復 피로회복
- □ わずかながら 약간이지만, 조금이지만 〈ながら는 동사 ます형, い형용사 기본형, な형용사 어간, 명사에 붙어 내용이 모순되는 두 사항을 연결함. ~면서도, ~지만〉
- □ 希望 희망
- □ 生まれる 태어나다

문득 귀에 졸졸 물이 흐르는 소리가 들렸다. 살짝 머리를 들고 숨을 죽이고 귀를 기울였다. 바로 발밑에서 물이 흐르고 있는 것 같다. 비틀비틀 일어서서 보니 바위 틈에서 졸졸 뭔가 작게 속삭이면서 샘물이 솟아나오고 있는 것이다. 그 샘물에 빨려 들어가듯이 메로스는 몸을 숙였다. 물을 양손으로 떠서 한 모금 마셨다. '휴~' 하고 긴 한숨이 나오고 꿈에서 깬 것 같은 기분이 들었다. 걸을 수 있다. 가자! 육체의 피로 회복과 함께 희미하나마 희망이 생겼다.

義務遂行(ぎむすいこう)の希望である。我が身(わみ)を殺して、名誉を守(まも)る希望である。斜陽(しゃよう)は赤い光(ひかり)を木々(きぎ)の葉(は)に投(とう)じ、葉も枝(えだ)も燃(も)えるばかりに[26]輝(かがや)いている。日没(にちぼつ)までには、まだ間(ま)がある。私を待っている人があるのだ。少しも疑(うたが)わず、静かに期待(きたい)してくれている人があるのだ。私は信じられている。私の命(いのち)なぞは問題(もんだい)ではない。死んでお詫(わ)び、などと気のいいことは言っておられぬ。私は、信頼(しんらい)に報(むく)いなければならぬ。今はただその一事(いちじ)だ。走れ！メロス。

- 義務遂行 의무수행
- 我が身 나의 몸
- 斜陽 석양
- 光 빛
- 葉 나뭇잎
- 投じる 비추다, 던지다
- 枝 가지
- 燃える 불타다
- 輝く 빛나다
- 間がある 시간이 있다, 여유가 있다
- 期待する 기대하다
- ～なぞ ~등, ~따위
- お詫び 사과, 사죄 〈お는 미화어〉
- 気がいい 마음씨가 좋다
- 信頼 신뢰
- 報いる 보답하다
- 一事 하나의 일, 한가지

의무수행의 희망이다. 내 육신을 죽여서 명예를 지키는 희망이다. 석양은 붉은 빛을 나무들의 잎에 비추어 잎도 가지도 곧 불에 탈 것처럼 빛나고 있다. 일몰까지는 아직 시간이 있다. 나를 기다리고 있는 친구가 있다. 조금도 의심하지 않고 조용히 (내가 오기를) 기대하고 있는 친구가 있는 것이다. 나는 신뢰를 받고 있다. 내 목숨 따위는 문제가 아니다. 죽어서 사죄한다느니 하는 속 편한 소리 따위를 하고 있을 수는 없다. 나는 신뢰에 보답하지 않으면 안 된다. 지금은 오직 그 한가지뿐이다. 달려라 메로스!

---

26 ~ばかりに ~할 정도로, ~할 만큼 [동사 · い형용사 기본형+ばかりに]
앞에 오는 말의 정도가 대단함을 나타낸다.

足が痛(いた)いばかりに、歩きまわりました。
다리가 아플 정도로 돌아다녔습니다.

私は信頼(しんらい)されている。私は信頼されている。先刻(せんこく)の、あの悪魔(あくま)のささやきは、あれは夢(ゆめ)だ。悪い夢だ。忘れてしまえ。五臓(ごぞう)が疲れている時は、ふいとあんな悪い夢を見るものだ[27]。メロス、お前の恥(はじ)ではない。やはり、お前は真(しん)の勇者(ゆうしゃ)だ。再(ふたた)び立(た)って走(はし)れるようになったではないか。ありがたい！ 私は、正義(せいぎ)の士(し)として死ぬことができるぞ。ああ、日が沈(しず)む。ずんずん沈む。待ってくれ、ゼウスよ。私は生まれた時から正直(しょうじき)な男であった。正直な男のままにして死なせてください。

- □ 先刻 아까, 조금 전
- □ 悪魔 악마
- □ ささやき 속삭임
- □ 五臓 오장;인체의 다섯 가지 장기
- □ ふいと 문득
- □ 夢を見る 꿈을 꾸다
- □ 恥 수치, 창피
- □ 再び 다시
- □ 正義の士 정의의 용사
- □ ずんずん 빨리빨리, 척척, 부쩍부쩍
- □ 正直だ 정직하다
- □ ～のまま (앞에 명사가 붙어) ~인 채, ~그대로

나는 신뢰받고 있다. 나는 신뢰받고 있다. 조금 전에 있었던 악마의 속삭임은, 그건 꿈이다. 악몽이다. 잊어버려라. 오장이 피로해 있을 때는 문득 그런 악몽을 꾸는 법이다. 메로스, 너는 부끄럽지 않다. 역시 너는 진정으로 용기 있는 자이다. 다시 일어서서 달릴 수 있게 되지 않았는가? 고마운 일이다. 나는 정의의 용사로 죽을 수가 있다. 아아, 해가 저문다. 점점 저물어 간다. 기다려 주시오, 제우스여! 나는 태어날 때부터 정직한 남자였다. 정직한 남자인 채로 죽게 해 주시오.

---

27 ～ものだ ～(하)는 것이다, ～(하)는 법이다

[동사 · い형용사의 기본형, な형용사な+ものだ]

개인적인 관점에서가 아니라 사회적 · 보편적인 사항에 대한 단정을 나타낸다.

年(とし)をとると、白髪(しらが)が出(で)てくるものだ。
나이가 들면 흰 머리가 나오는 법이다.

道行く人を押しのけ、はね飛ばし、メロスは黒い風のように走った。野原で酒宴の、その宴席の真っただ中を駆け抜け、酒宴の人たちを仰天させ、犬をけ飛ばし、小川を飛び越え、少しずつ沈んでいく太陽の、十倍も速く走った。一団の旅人とさっと擦れ違った瞬間、不吉な会話を小耳に挟んだ。「今ごろは、あの男も、はりつけにかかっているよ。」 ああ、その男、その男のために私は、今こんなに走っているのだ。その男を死なせてはならない。急げ、メロス。遅れてはならぬ。愛と誠の力を、今こそ知らせてやるがよい。風態なんかは、どうでもいい。メロスは、今は、ほとんど全裸体であった。呼吸もできず、二度三度、口から血が噴き出た。見える。はるか向こうに小さく、シラクスの町の塔楼が見える。塔楼は、夕日を受けてきらきら光っている。

길가는 사람을 밀치고 떨쳐 버리고 메로스는 흑풍처럼 달렸다. 들판에서 주연이 벌어지고 있는 그 술자리 한가운데를 달려나가 주연에 참석한 사람들을 깜짝 놀라게 하고, 개를 발로 걷어차고, 개울을 뛰어넘어, 조금씩 기울어 가는 태양보다 열 배나 빨리 달렸다. 한 무리의 여행객들과 휙 스쳐 지나는 순간, 불길한 대화를 언뜻 들었다. "지금쯤은 그 남자도 창에 찔려 죽임을 당했을 거야." 아아, 그 남자, 그 남자를 위해 나는 지금 이렇게 달리고 있는 것이다. 그 남자를 죽게 해서는 안 된다. 서둘러라, 메로스. 늦어서는 안 된다. 사랑과 진실의 힘을 지금이야말로 알려 줘라. 옷차림 따위는 아무래도 좋다. 메로스는 지금 거의 전라였다. 호흡도 할 수 없고, 두세 번 입에서 피가 뿜어져 나왔다. 보인다. 저 멀리 건너편에 조그맣게 시라쿠스 마을의 높이 솟아 있는 건물이 보인다. 건물은 저녁놀을 받아서 반짝반짝 빛나고 있다.

- 押しのける 밀어제치다, 밀어내다
- はね飛ばす 튕겨 날려보내다, 떨쳐 버리다
- 野原 들판
- 酒宴 주연, 연회
- 宴席 술자리, 연회석
- 真っただ中 한가운데
- 駆け抜ける 달려나가다
- 仰天する 매우 놀라다, 몹시 놀라다
- け飛ばす 걷어차다
- 小川 개울
- 飛び越える 뛰어넘다
- 一団 한 무리
- 旅人 여행객
- さっと 슬쩍
- 擦れ違う 스쳐 지나가다
- 瞬間 순간
- 小耳に挟む 언뜻 듣다
- 今ごろ 지금쯤
- 風態 옷차림 〈일반적으로는 風体라고 씀〉
- ほとんど 거의, 대부분
- 全裸体 전라(의 몸)
- 呼吸 호흡
- 血 피
- 噴き出る 뿜어져 나오다
- はるか (시간이나 거리가) 멀리 떨어져 있음, 아득함
- 塔楼 높이 솟은 건물
- 夕日 저녁놀
- きらきら 반짝반짝

「ああ、メロスさま。」 うめくような声が、風(かぜ)と共(とも)に聞(き)こえた。

「誰だ。」 メロスは走りながら尋(たず)ねた。

「フィロストラトスでございます。あなたのお友達セリヌンティウスさまの弟子(でし)でございます。」その若い石工(いしく)も、メロスの後(あと)について走りながら叫(さけ)んだ。「もう、だめでございます。無駄(むだ)でございます。走るのはやめてください。もう、あの方をお助(たす)けになることはできません[28]。」

- □ うめく 신음하다
- □ 尋ねる 묻다
- □ ～でございます ～입니다 〈～であるの 겸양 표현〉
- □ 弟子 제자
- □ 後につく 뒤를 따르다
- □ やめる 그만두다

"아아, 메로스 님!" 신음하는 듯한 목소리가 바람과 함께 들렸다.

"누구냐?" 메로스는 달리면서 물었다.

"피로스토라토스입니다. 당신의 친구 세리눈티우스님의 제자입니다." 그 젊은 석공도 메로스의 뒤를 따라 달리면서 외쳤다. "이제 틀렸습니다. 헛수고입니다. 달리는 것은 그만두십시오. 이제 그분을 구하실 수는 없습니다."

28 ～ことはできない ～할 수는 없다 [동사 기본형+ことはできない]

불가능한 사실을 강하게 단정하며 불가능한 이유도 내포한다. 반면 ～ことができない(~할 수가 없다)는 단순히 불가능하다는 사실 자체만을 나타낸다.

その子(こ)のいたずらを放(ほう)っておくことはできません。
그 아이의 장난을 내버려 둘 수는 없습니다.

「いや、まだ日は沈(しず)まぬ。」

「ちょうど今、あの方が死刑(しけい)になるところです。ああ、あなたは遅(おそ)かった。お恨(うら)み申(もう)します。ほんの少し、もうちょっとでも早(はや)かったなら！」

「いや、まだ日は沈まぬ。」

メロスは、胸(むね)の張(は)り裂(さ)ける思いで、赤く大きい夕日(ゆうひ)ばかりを見(み)つめていた。走るよりほかはない。

「やめてください。走るのはやめてください。今はご自分のお命(いのち)が大事(だいじ)です。あの方は、あなたを信じておりました。刑場(けいじょう)に引(ひ)き出(だ)されても、平気(へいき)でいました。王(おう)さまがさんざんあの方(かた)をからかっても、メロスは来ます、とだけ答え、強(つよ)い信念(しんねん)を持(も)ち続(つづ)けている様子(ようす)でございました。」

□ ちょうど 마침, 때마침
□ 死刑 사형
□ 恨む 원망하다
□ 申す 아뢰다 〈言う의 겸양어〉
□ ほんの少し 아주 조금, 아주 약간
□ 張り裂ける 찢어지다, 부풀어 터지다
□ ～ばかり ~뿐, ~만
□ 見つめる 응시하다, 주시하다
□ ～ております ~(하)시다, ~습니다 〈존경과 겸양을 나타냄〉
□ 刑場 형장, 사형장
□ 平気だ 아무렇지 않다, 태연하다, 끄떡없다
□ さんざん 마구, 잔뜩
□ からかう 놀리다
□ 信念 신념

"아냐, 아직 해는 저물지 않았어."

"마침 지금 그분이 사형을 당하려는 참입니다. 아아, 당신은 늦었습니다. 원망스럽습니다. 아주 조금, 조금만이라도 더 일찍 오셨더라면!"

"아냐, 아직 해는 저물지 않았어."

메로스는 가슴이 찢어질 것 같은 마음으로 붉고 커다란 석양만을 바라보고 있었다. 달리는 것 외에 다른 방법은 없다.

"그만두세요. 달리지 마세요. 지금은 자신의 목숨이 소중합니다. 그분은 당신을 믿고 계셨습니다. 형장에 끌려 나가서도 아무렇지도 않으셨습니다. 임금님이 마구 그분을 놀려도 메로스는 옵니다라고 대답하며 줄곧 강한 신념을 갖고 계신 모습이었습니다."

「それだから走るのだ。信じられているから走るのだ。間(ま)に合(あ)う、間に合わぬは問題でないのだ。人の命も問題でないのだ。私は、なんだか、もっと恐(おそ)ろしく大きいもののために走っているのだ。ついてこい！フィロストラトス。」

「ああ、あなたは気(き)が狂(くる)ったか。それでは、うんと走るがいい。ひょっとしたら、間に合わぬものでもない[29]。走るがいい。」

言うにや及(およ)ぶ。まだ日は沈まぬ。最後(さいご)の死力(しりょく)を尽(つ)くして、メロスは走った。メロスの頭(あたま)は空(から)っぽだ。

- □ それだから 그렇기 때문에
- □ なんだか 어쩐지, 웬지
- □ 恐ろしい 두렵다
- □ ついてくる 따라오다
- □ 気が狂う 미치다
- □ うんと 실컷, 매우, 크게, 많이, 훨씬
- □ ひょっとしたら 어쩌면
- □ 言うにや及ぶ 말할 필요도 없다 =言(い)うまでもない
- □ 最後 최후, 마지막
- □ 死力 사력, 죽을 힘
- □ 尽くす 다하다, 다 끝내다
- □ 空っぽだ 텅 비다

"그렇기 때문에 달리는 것이다. 날 믿고 있기 때문에 달리는 것이다. 시간에 늦고 늦지 않고는 문제가 아니다. 사람의 목숨도 문제가 아니다. 나는 뭔가 훨씬 두렵고 커다란 것을 위해 달리고 있는 거야. 따라 와라! 피로스토라토스."

"아아, 당신은 미쳤소? 그럼, 실컷 달리시오. 어쩌면, 시간에 늦지 않을 수도 있소. 달리시오."

말할 필요도 없다. 아직 해는 저물지 않았다. 마지막 사력을 다해 메로스는 달렸다. 메로스의 머리는 텅 비었다.

---

29 ～ぬものでもない ～(하)지 않는 것도 아니다, ~일 수도 있다

[동사 ない형+ないものでもない]

～ないものでもない와 같은 표현으로, 가능성을 완곡하게 나타내는데 원인이 외부에 있음을 나타낸다. 원인이 자기 자신에게 있을 때에는 ～ないこともない를 쓴다.

今日中(きょうじゅう)に出(だ)したら、あした届(とど)かないものでもない。
오늘 중으로 제출하면, 내일 도착될 수도 있다.

何一つ考えていない。ただ、わけの分からぬ大きな力に引きずられて走った。日はゆらゆら地平線に没し、まさに最後の一片の残光も消えようとした時、メロスは疾風のごとく刑場に突入した。間に合った。

「待て。その人を殺してはならぬ。メロスが帰ってきた。約束の通り、今、帰ってきた。」と、大声で刑場の群衆に向かって叫んだつもりであったが、のどがつぶれてしわがれた声がかすかに出たばかり、群衆は、一人として彼の到着に気がつかない。既にはりつけの柱が高々と立てられ、縄を打たれたセリヌンティウスは、徐々につり上げられてゆく。メロスはそれを目撃して最後の勇、先刻、濁流を泳いだように、群衆をかき分けかき分け、

아무것도 생각하고 있지 않다. 단지, 영문을 알 수 없는 커다란 힘에 이끌려 달렸다. 해는 뉘엿뉘엿 지평선으로 지고, 그야말로 마지막 남아 있던 한 조각의 빛마저 사라지려고 했을 때, 메로스는 질풍같이 형장으로 달려 들어갔다. 시간에 늦지 않았다.

"기다리시오! 그 사람을 죽여서는 안 되오. 메로스가 돌아왔소. 약속대로 지금 돌아왔소." 하고 큰 소리로 형장의 군중을 향해서 외치느라고 외쳤지만 목이 잠겨서 쉰 목소리가 희미하게 나왔을 뿐, 군중은 한 사람도 메로스의 도착을 눈치 채지 못했다. 이미 형틀이 높이 세워지고 포승줄에 묶인 세리눈티우스는 서서히 매달려 올라간다. 메로스는 그것을 목격하고 마지막 용기를 내어, 조금 전 탁류를 헤엄쳤을 때처럼 군중을 헤치고 헤쳐,

□ わけ 이유, 영문
□ 引きずる 이끌리다
□ ゆらゆら 뉘엿뉘엿, 흔들흔들
□ 地平線 지평선 ↔水平線(すいへいせん) 수평선
□ 没する 저물다, 가라앉다, 사라지다
□ まさに 그야말로, 정말로
□ 一片 한 조각
□ 残光 잔광, 남아 있는 빛
□ 消える 사라지다
□ 疾風 질풍
□ 突入する 돌입하다
□ 群衆 군중
□ ～に向かって ~을 향하여
□ のどがつぶれる 목이 잠기다
□ しわがれる 목소리가 쉬다
□ かすかに 희미하게
□ ～たばかり ~뿐
□ 到着 도착
□ 気がつく 눈치를 채다 ↔気がつかない 눈치를 못 채다
□ 柱 기둥, 대
□ 高々と 드높이
□ 縄 밧줄, 포승줄
□ 縄を打たれる 밧줄(포승줄)에 묶이다
□ 徐々に 서서히
□ つり上げる 매달아 올리다
□ 目撃する 목격하다
□ 最後の勇 최후의 용기
□ 先刻 아까, 조금 전
□ 泳ぐ 헤엄치다

「私だ、刑吏(けいり)！ 殺されるのは私だ。メロスだ。彼を人質(ひとじち)にした私は、ここにいる！」 と、かすれた声(こえ)で精一杯(せいいっぱい)に叫(さけ)びながら、ついにはりつけ台(だい)に登(のぼ)り、つり上げられてゆく友の両足(りょうあし)にかじりついた。群衆はどよめいた。あっぱれ。許(ゆる)せ、と口々(くちぐち)にわめいた。セリヌンティウスの縄(なわ)はほどかれたのである。

「セリヌンティウス。」 メロスは目に涙(なみだ)を浮(う)かべて言った。「私を殴(なぐ)れ。力いっぱいに頬(ほお)を殴れ。私は、途中(とちゅう)で一度、悪い夢を見た。君がもし私を殴ってくれなかったら、私は君(きみ)と抱擁(ほうよう)する資格(しかく)さえないのだ。殴れ。」

- 刑吏 형리, 형 특히 사형 집행에 임하는 관리
- かすれる (목소리가) 쉬다
- はりつけ台 처형대
- かじりつく 매달리다, 물고 늘어지다, 착 달라붙다
- どよめく 술렁이다, 웅성거리다, 울려 퍼지다
- あっぱれ 상대방의 행동을 칭찬할 때 쓰는 말, 장하다, 훌륭하다, 잘했다
- 口々 저마다
- わめく 아우성치다, 큰소리로 외치다
- ほどく 풀다
- 涙を浮べる 눈물을 글썽이다
- 殴る 때리다
- 力いっぱいに 있는 힘껏
- 途中で 도중에
- もし 만약, 만일
- 抱擁する 포옹하다
- 資格 자격

“나다, 형리! 죽을 사람은 나다. 메로스다. 그 사람을 인질로 만든 내가 여기에 있다!” 하고 쉰 목소리로 있는 힘을 다해 소리치면서 마침내 형 집행대로 올라가 매달려 올라가는 친구의 두 다리에 매달렸다. 군중은 웅성거렸다. “훌륭하다. 용서해라!” 하고 저마다 아우성을 쳤다. 세리눈티우스의 포승줄은 풀렸다.

“세리눈티우스.” 메로스는 눈에 눈물을 글썽이며 말했다. “나를 때리게. 있는 힘껏 뺨을 때리게. 나는 도중에 한 번 악몽을 꾸었네. 자네가 만약 나를 때려주지 않는다면 나는 자네와 포옹할 자격조차 없네. 때려 주게.”

セリヌンティウスは、すべてを察(さっ)した様子でうなずき、刑場(けいじょう)いっぱいに鳴(な)り響(ひび)くほど音高(おとたか)く、メロスの右頬(みぎほお)を殴(なぐ)った。殴ってから優(やさ)しくほほ笑(え)み、

「メロス、私を殴れ。同じくらい音高く私の頬を殴れ。私はこの三日の間、たった一度だけ、ちらと君を疑(うたが)った。生(う)まれて初めて、君を疑った。君が私を殴ってくれなければ、私は君と抱擁(ほうよう)できない。」

メロスは腕にうなりをつけてセリヌンティウスの頬を殴った。

□すべて　모두, 모든 것
□察する　알아차리다
□うなずく　고개를 끄덕이다, 수긍하다
□鳴り響く　울려 퍼지다
□ほほ笑む　미소 짓다
□ちらと　힐끗
□たった～だけ　단 ~뿐, 오로지 ~만
□～て初めて　~해서 처음으로
□うなり　으르렁거림 또는 그 소리, 신음 소리, 윙윙거리는 소리

세리눈티우스는 모든 것을 알아차린 듯이 고개를 끄덕이고는 온 형장에 울려퍼질 만큼 큰 소리가 나도록 메로스의 오른쪽 뺨을 때렸다. 때리고 나서 부드럽게 미소지으며,

"메로스, 나를 때리게. 똑같이 큰 소리가 나도록 내 뺨을 때리게. 나는 이 3일 동안 딱 한 번 잠깐 자네를 의심했네. 태어나서 처음으로 자네를 의심했네. 자네가 나를 때려 주지 않는다면 나는 자네와 포옹할 수 없네."

메로스는 팔에 힘을 주어 소리가 나도록 세리눈티우스의 뺨을 때렸다.

「ありがとう、友よ。」 二人同時(どうじ)に言い、ひしと抱(だ)き合(あ)い、それから、うれし泣きにおいおい声を放(はな)って泣(な)いた。

群衆(ぐんしゅう)の中からも、歔欷(きょき)の声が聞こえた。暴君(ぼうくん)ディオニスは、群衆の背後(はいご)から二人の様(さま)を、まじまじと見つめていたが、やがて静かに二人に近(ちか)づき、顔を赤(あか)らめて、こう言った。

「お前らの望(のぞ)みはかなったぞ。お前らは、わしの心に勝ったのだ。信実とは、決して空虚(くうきょ)な妄想(もうそう)ではなかった。どうか、わしも仲間(なかま)に入れてくれまいか[30]。どうか、わしの願いを聞(き)き入(い)れて、お前らの仲間の一人にしてほしい。」

- □ 同時に 동시에
- □ ひしと 꼭, 꽉, 단단히
- □ 抱き合う 서로 껴안다
- □ うれし泣き 너무 기뻐서 우는 것
- □ おいおい 엉엉
- □ 声を放って泣く 목놓아 울다
- □ 歔欷 흐느껴 움
- □ 背後 배후
- □ 様 모습
- □ まじまじと 빤히, 찬찬히
- □ 近づく 가까이 가다, 다가가다
- □ 顔を赤らめる 얼굴을 붉히다
- □ お前ら 너희들 <ら는 복수를 나타내는 접미사>
- □ 望みがかなう 바람이 이루어지다
- □ 勝つ 이기다, 승리하다
- □ 空虚だ 공허하다
- □ 妄想 망상
- □ どうか 부디, 제발
- □ 仲間 친구, 동료
- □ 聞き入れる 들어주다, 승낙하다, 받아들이다

"고맙네, 친구여." 두 사람은 동시에 말하고 꽉 껴안고 나서 너무 기쁜 나머지 엉엉 목놓아 울었다.

군중 속에서도 흐느껴 우는 소리가 들렸다. 폭군 디오니스는 군중 뒤에서 두 사람의 모습을 빤히 보고 있다가 이윽고 조용히 두 사람에게 다가와서 얼굴을 붉히며 이렇게 말했다.

"너희들의 바람은 이루어졌다. 너희들은 내 마음을 이겼다. 신실이란 결코 공허한 망상이 아니었다. 부디 나도 친구로 받아 주지 않겠는가? 부디 내 부탁을 들어주어 그대들의 친구의 한 사람으로 받아 주길 바라네."

30 ～てくれまいか ~(해) 주지 않겠는가? [동사 て형+くれまいか]

의뢰를 나타내는 표현으로, 남성적이고 딱딱한 느낌을 준다. 보통 회화에서는 ～てくれないだろうか, ～てもらえないだろうか가 많이 쓰인다.

私の代(か)わりにゼミに参加(さんか)してくれまいか。
내 대신 세미나에 참가해 주지 않겠는가.

どっと群衆の間に歓声(かんせい)が起(お)こった。

「万歳(ばんざい)、王(おう)さま万歳。」

一人の少女が、緋(ひ)のマントをメロスに捧(ささ)げた。メロスは、まごついた。良き友は、気を利(き)かせて教えてやった。

「メロス、君は、真(ま)っ裸(ぱだか)じゃないか。早くそのマントを着るがいい。このかわいい娘(むすめ)さんは、メロスの裸体(らたい)を、皆に見られるのが、たまらなく悔(くや)しいのだ。」

勇者(ゆうしゃ)は、ひどく赤面(せきめん)した。

□ どっと 여럿이 한꺼번에 소리를 내는 모양, 와~, 왁자그르르
□ 歓声 환성
□ 起こる 일어나다, 발생하다
□ 万歳 만세
□ 緋 주홍
□ マント 망토
□ 捧げる 올리다
□ まごつく 당황하다, 망설이다
□ 気が利く 생각이 세심한 곳까지 잘 미치다, 눈치가 빠르다
□ 真っ裸 벌거숭이, 알몸
□ ～じゃないか ~이 아닌가 =～ではないか
□ 娘さん 아가씨 〈원래는 '딸'이란 뜻임〉
□ 裸体 나체
□ 悔しい 분하다
□ ひどい 심하다
□ 赤面する 매우 부끄럽고 창피하여 얼굴을 붉히다, 얼굴이 빨개지다

"와~!" 하고 군중 속에서 환성이 울렸다.

"만세! 임금님 만세!"

한 소녀가 주홍빛 망토를 메로스에게 건네주었다. 메로스는 당황했다. 좋은 벗은 눈치를 채고는 가르쳐 주었다.

"메로스, 자넨 알몸이 아닌가? 어서 그 망토를 입게. 이 귀여운 아가씨는 메로스의 나체를 여러 사람에게 보이는 것이 견딜 수 없이 억울한 거야."

용감한 사람은 너무 창피하여 얼굴이 새빨개졌다.

形

菊池寛

摂津半国の主であった松山新介の侍大将中村新兵衛は、五畿内*、中国に聞こえた大豪の士であった。

そのころ、畿内を分領していた筒井、松永、荒木、和田、別所など、大名*、小名の手の者で、『槍中村』を知らぬ者は、おそらく一人もなかっただろう。

- 摂津 셋츠 〈지금의 오사카(大阪) 일부와 효고(兵庫) 일부 지역에 해당됨〉
- 半国 반국
- 主 영주
- 侍大将 사무라이 대장
- 中国 중국 〈일본 지명〉
- ～に聞こえる ~에 널리 알려지다
- 大豪 대부호
- 士 무사, 사무라이
- そのころ 그 무렵
- 分領する 나누어 차지하다
- 手の者 수하
- おそらく (뒤에 추측을 나타내는 말이 와서) 아마, 필시, 틀림없이

겉모습

키쿠치 칸

셋츠반국의 영주였던 마츠야마 신스케의 사무라이 대장인 나카무라 신베에는 고키나이와 추고쿠에 널리 알려진 대부호 사무라이였다.

그 무렵, 키나이를 나누어 차지하고 있었던 츠츠이, 마츠나가, 아라키, 와다, 벳쇼 등 다이묘와 쇼묘의 수하로, '창의 달인 나카무라'를 모르는 사람은 아마 한 사람도 없었을 것이다.

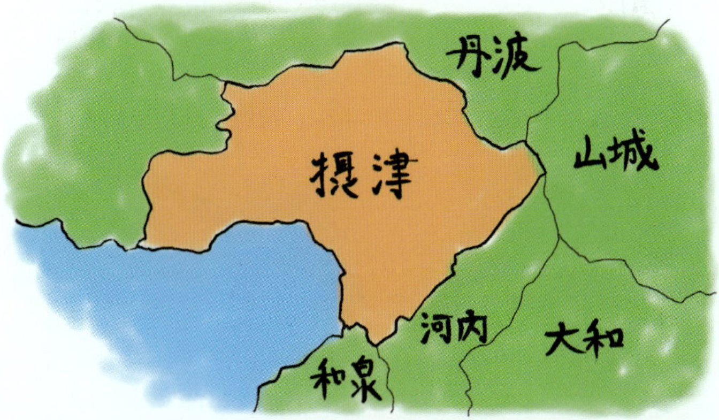

＊ 五畿内

궁궐이 있던 京都(きょうと) 인근의 山城(やましろ), 大和(やまと), 河内(かわち), 摂津(せっつ), 和泉(いずみ)를 말한다.

＊ 大名・小名

일본 平安(へいあん)시대 말기에서 중세에 걸쳐 많은 영지를 소유한 신분이 높은 무사를 말한다. 江戸(えど) 시대에는 1만 석 이상의 영지를 소유한 무사를 가리키기도 했다. 小名는 大名보다 영지가 작았던 영주로, 江戸시대에는 大名 중에서 녹봉이나 쌀의 수확량이 적았던 영주를 가리키기도 했다.

それほど、新兵衛(しんべえ)はそのしごき出(だ)す三間柄(さんげんえ)の大身(おおみ)の槍(やり)の矛先(ほこさき)で、先駆(さきが)けしんがりの功名(こうみょう)を重(かさ)ねていた。そのうえ、彼の武者姿(むしゃすがた)は、戦場(せんじょう)において[1]水(みず)ぎわだった華(はな)やかさを示(しめ)していた。火(ひ)のような猩々緋(しょうじょうひ)の服折(はおり)*を着(き)て、唐冠纓(とうかむりえい)金(きん)のかぶとをかぶった彼の姿は、敵味方(てきみかた)の間(あいだ)に、輝(かがや)くばかりの鮮(あざ)やかさを持(も)っていた。

- それほど 그 정도(로)
- しごく 가늘고 긴 것을 한 손으로 잡고 다른 손으로 세게 훑다
- ~間 ~칸 〈한 칸은 약 1.8미터임〉
- 柄 손잡이
- 大身 날이 길고 큼
- 槍 창
- 矛先 (창의) 끝, 끝날
- 先駆け 선두, 선봉 〈적진에 들어갈 때 맨 앞에서 지휘하는 것〉
- しんがり 후위, 후방 〈퇴진하면서 적의 공격을 막는 것〉
- 功名 공명
- 重ねる 쌓다, 거듭하다
- そのうえ 게다가
- 武者姿 무사다운 모습
- 戦場 전장, 전쟁터
- 水ぎわだつ 눈에 띄게 빼어나다, 두드러지게 뛰어나다
- 華やかさ 화려함
- 示す 나타내다, 보이다
- 唐冠纓金 (뒷부분에) 금색 끈이 달린 중국 당나라식 투구
- かぶと 투구
- かぶる (머리 위로) 뒤집어쓰다
- 敵 적
- 味方 아군
- ~ばかり ~만큼
- 鮮やかさ 선명함

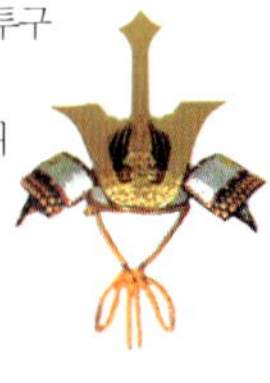

그 정도로 신베에는 세 칸이나 되는 길이에 손잡이가 달린 긴 창끝으로 선봉과 후위에서 거듭해서 전공을 세우고 있었다. 게다가 그의 무사다운 모습은 전장에서 두드러진 화려함을 보이고 있었다. 불처럼 검붉은 색의 하오리를 입고 금색 끈이 달린 투구를 쓴 그의 모습은 적과 아군을 통틀어서 빛이 날 만큼 선명함을 지니고 있었다.

1 **～において　～에 있어서** [명사+において]

어떤 일이 행해지는 때 · 장소 · 장면 · 상황을 나타낼 때 쓴다.

彼女(かのじょ)は仕事(しごと)において厳(きび)しいです。
그녀는 일에 있어서 엄격합니다.

★ 猩々緋の服折

猩々(しょうじょう)는 중국에서 전해오는 상상 속의 동물로, 원숭이를 닮았으며 사람의 얼굴과 다리를 가졌다고 한다. 猩々緋(しょうじょうひ)는 猩々의 털과 비슷한 약간 검은 빛을 띤 선명한 붉은색을 말한다. 服折는 着物(きもの)위에 덧입는 윗도리로 여기서는 전장에서 갑옷 위에 덧입는 윗도리를 말한다. 일반적으로는 羽織라고 표기한다.

「ああ、猩々緋よ、唐冠よ。」と、敵の雑兵は、新兵衛の槍先を避けた。味方が崩れたったとき、激浪の中に立ついわおのように敵勢を支えている猩々緋の姿は、どれほど味方にとって[2]頼もしいものであったか分からなかった。また、嵐のように敵陣に殺到するとき、その先登に輝いている唐冠のかぶとは、敵にとってどれほどの脅威であるか分からなかった。

こうして、槍中村の猩々緋と唐冠のかぶとは、戦場の華であり、敵に対する脅威であり、味方にとっては信頼の的であった。「新兵衛殿、折り入ってお願いがある。」と、

□ 唐冠 금색 끈이 달린 투구 〈唐冠纓金의 줄임말〉
□ 雑兵 오합지졸
□ 槍先 창끝
□ 避ける 피하다
□ 崩れたつ 무너지다
□ 激浪 격랑, 거친 파도
□ いわお 큰 바위, 반석
□ 敵勢 적의 군세
□ 支える 막아내다, 저지하다
□ どれほど 얼마 만큼
□ 頼もしい 듬직하다, 믿음직스럽다
□ 嵐 폭풍
□ 敵陣 적진
□ 殺到する 쇄도하다
□ 先登 선봉, 선두 =先頭(せんとう)
□ 脅威 위협
□ 華 꽃
□ ～であり ~이고, ~이며 = ～で
□ ～に対する ~에 대한
□ 信頼 신뢰
□ 的 표적, 목표물
□ ～殿 ~님 〈손윗사람을 매우 높여 부르는 호칭으로, 옛날 신분사회에서 많이 쓰인 표현〉
□ 折り入って 긴히, 간곡히

"아아, 검붉은 하오리다, 금색 끈이 달린 투구다!" 하며 적의 오합지졸은 신베에의 창끝을 피했다. 아군이 무너졌을 때, 거친 파도 속에 서 있는 바위처럼 적의 군세를 막아내고 있는 검붉은 하오리의 모습은 아군에게 얼마나 믿음직스러웠는지 몰랐다. 또, 폭풍처럼 적진으로 쇄도할 때, 그 선두에서 빛나고 있는 금색 끈의 투구는 적에게 있어서 얼마나 위협적이었는지 몰랐다.

이리하여 '창의 달인 나카무라'의 검붉은 하오리와 금색 끈 투구는 전장의 꽃이며 적에 대한 위협이며 아군에게 있어서는 신뢰의 표적이었다. "신베에님, 긴히 부탁이 있습니다." 하고

2 **~にとって ~에 있어서, ~의 입장에서 보면** [명사+にとって]

앞에 오는 것에 대한 자격이나 입장을 나타내는 표현으로, 뒷 문장에는 앞 문장에서 언급한 것에 대한 가치를 판단하거나 평가를 내리는 내용이 온다.

母親(ははおや)にとって子育(こそだ)ては大切(たいせつ)だ。
엄마에게 있어서 육아는 중요하다.

元服*してから間もないらしい美男の士は、新兵衛の前に手をついた。

「何事じゃ、そなたと我らの間に、さような辞儀は要らぬぞ。望みというを、はよう言ってみい。」と、はぐくむような慈顔をもって[3]、新兵衛は相手を見た。

その若い士は、新兵衛の主君松山新介の側腹の子であった。そして、幼少のころから、新兵衛が守役として、我が子のようにいつくしみ、育ててきたのであった。

- □ ～てから　~(하)고 나서, ~한 후
- □ 間もない　얼마 안 되다, 얼마 지나지 않다
- □ 美男の士　미남 무사
- □ 手をつく　손을 짚다 〈무릎을 꿇고 앉아 바닥에 손을 짚는 동작으로, 상대방에 대해 예의를 갖추는 것임〉
- □ 何事　무슨 일
- □ ～じゃ　~(이)다 =～だ・～である
- □ そなた　너, 그대 =あなた
- □ 我ら　우리 =我々(われわれ)・私(わたし)たち
- □ さような　그런, 그와 같은 =そのような・そんな
- □ 辞儀　깊이 머리를 숙여 하는 절, 인사 〈お辞儀する 절하다〉
- □ はよう　빨리 =はやく
- □ ～てみい　~해 보아라 =～てみて
- □ はぐくむ　(품어) 키우다
- □ 慈顔　자애로운 얼굴
- □ 相手　상대방, 상대
- □ 主君　주군
- □ 側腹　측실, 첩 =めかけ
- □ 幼少　유소, 나이가 어림
- □ 守役　신분이 높은 사람의 아이를 보살피는 직책이나 또는 그런 사람
- □ ～として　~로(서)
- □ 我が子　내 자식
- □ いつくしむ　사랑하다, 귀여워하다
- □ 育てる　기르다, 양육하다

성인이 된 지 아직 얼마 안 되어 보이는 잘생긴 무사는 신베에 앞에 무릎을 꿇고 땅에 손을 짚었다.

"무슨 일인가? 그대와 우리 사이에 그와 같은 인사는 필요 없다. 부탁이란 것을 얼른 말해 보아라." 하고 자식을 대하듯이 자애로운 얼굴로 신베에는 상대를 보았다.

그 젊은 무사는 신베에의 주군인 마츠야마 신스케의 측실 자식이었다. 그리고 어릴 때부터 신베에가 보살피는 직책으로 친자식처럼 귀여워하며 길러왔던 것이다.

---

3 ～をもって ～으로, ～로서

원래의 뜻으로 해석하면 '～을 가지고'이지만 보통 의역하여 쓴다. 딱딱하고 어려운 문어체 표현으로, 격식을 차린 정중한 표현이다.

この企画案(きかくあん)をもって、進(すす)めてもいいです。
이 기획안으로 진행해도 좋습니다.

＊ 元服

옛날 일본에서 남자가 성인(成人)이 되었음을 알리고 축하받기 위하여, 의복을 새로이 하고 머리를 묶고 관을 쓰던 의식을 말한다. 보통 12세 전후에 행했다고 한다.

「ほかのことでもおりない。明日(みょうにち)は我(われ)らの初陣(ういじん)じゃほどに、なんぞ華々(はなばな)しい手柄(てがら)をしてみたい。ついては、おみさまの猩々緋と唐冠のかぶとを貸(か)してたもらぬか。あの服折(はおり)とかぶととを着て、敵(てき)の目(め)を驚(おどろ)かしてみとうござる。」

「ははははは。念(ねん)もないことじゃ。」 新兵衛は高(たか)らかに笑った。

新兵衛は、相手の子供(こども)らしい無邪気(むじゃき)な功名心(こうみょうしん)を快(こころよ)く受(う)け入(い)れることができた。

□ほかのこと 다른 일
□初陣 첫 출전 〈전쟁터에 처음 나가는 것〉
□～ほどに ~인 만큼
□なんぞ 뭔가 =何(なに)か
□華々しい 화려하다
□手柄 공적, 공로
□ついては 따라서, 그래서
□おみさま 당신 〈높임말〉
□貸す 빌려 주다
□たもる (중세 이후의 말로) ~해 주시다, ~해 주다
□驚かす 놀라게 하다
□～てみとうござる ~해 보고 싶다 =～てみたい
□念もない 손쉽다, 간단하다, 시시하다
□高らかに 호탕하게
□無邪気だ 천진난만하다, 순진무구하다
□功名心 공명심
□快く 흔쾌히
□受け入れる 받아들이다

"다름이 아니오라, 내일은 우리들의 첫 출전이니 만큼 뭔가 화려한 공적을 세우고 싶습니다. 그래서 말씀이온데 무사님의 붉은 하오리와 금색 끈의 투구를 빌려 주시지 않겠습니까? 그 하오리와 투구를 걸치고 적의 눈을 놀라게 하고 싶습니다."

"하하하하하. 걱정할 것 없네." 신베에는 호탕하게 웃었다.

신베에는 상대의 어린아이 같은 천진난만한 공명심을 흔쾌히 받아들일 수 있었다.

「が、申(もう)しておく、あの服折(はおり)やかぶとは、申さば中村新兵衛の形(かたち)じゃわ。そなたが、あの品々(しなじな)を身(み)に着(つ)けるうえからは[4]、我らの肝魂(きもだま)を持(も)たいではかなわぬことぞ。」と言いながら、新兵衛はまた高らかに笑(わら)った。

その明(あ)くる日、摂津平野(せっつひらの)の一角(いっかく)で、松山勢(まつやまぜい)は、大和(やまと)の筒井順慶(つついじゅんけい)の兵(へい)としのぎを削(けず)った*。戦(たたか)いが始(はじ)まる前(まえ)、いつものように猩々緋(しょうじょうひ)の武者(むしゃ)が唐冠(とうかむり)のかぶとを朝日(あさひ)に輝(かがや)かしながら、敵勢(てきぜい)を尻目(しりめ)にかけて*、大きく輪乗(わの)りをしたかと思うと[5]、駒(こま)の頭(かしら)を立(た)て直(なお)して、一気(いっき)に敵陣(てきじん)に乗(の)り入(い)った。

□ ～ておく ~해 두다
□ 形 모양, 모습 〈여기서는 겉으로 보이는 것을 말함〉
□ 申さば 말하자면 =言(い)わば
□ ～じゃわ ~이지 =だわ 〈와는 감정을 나타내는 종조사임〉
□ 品々 물건들
□ 身に着ける 착용하다
□ 肝魂 담력, 기력 =肝玉(きもたま)
□ 明くる日 다음 날
□ 一角 일각
□ 勢 세력, 진영
□ 兵 병사
□ 戦い 싸움, 전투, 전쟁
□ いつものように 평상시처럼
□ 朝日 아침 햇살
□ 輝かす 빛나게 하다
□ 輪乗りをする 한 바퀴 돌다 〈말을 타고 원형으로 둥글게 도는 것〉
□ 駒 말
□ 頭 머리, 우두머리
□ 立て直す 다시 고쳐 세우다
□ 一気に 단번에, 한번에
□ 敵陣 적진
□ 乗り入る 달려 들어가다

"허나 말해 두겠네, 그 하오리와 투구는 말하자면 나카무라 신베에의 겉모습이네. 그대가 그 물건들을 착용하는 이상은 나의 담력을 가지지 못하면 이룰 수 없음이야." 하고 말하면서, 신베에는 호탕하게 웃었다.

그 다음날 셋츠히라노의 일각에서 마츠야마 진영은 야마토의 츠츠이 준케이의 병사들과 격렬한 전투를 벌였다. 전투가 시작되기 전에 여느 때와 마찬가지로 검붉은 하오리를 입은 무사가 금색 끈이 달린 투구를 아침 햇살에 번쩍이면서 적병들을 거들떠보지 않으며 말을 타고 크게 한 바퀴 도는가 싶더니 말 머리를 다시 돌려서 단번에 적진으로 달려 들어갔다.

---

4 ～うえからは ～(하)는 이상은 [동사 · い형용사 기본형+うえからは]

말하는 이의 마음가짐이나 의지를 나타내는 표현으로, 뒤에는 추측 · 판단 · 결심과 관련된 내용이 온다.

一度(いちど)しようと決(き)めるうえからは、きちんとやります。
한번 하려고 정하는 이상은 제대로 하겠습니다.

5 ～かと思うと ～(하)나 싶더니 [동사 기본형 · た형+かと思うと]

앞의 상황이 일어난 바로 직후에 뒤의 상황이 일어남을 나타내는 표현이다.

本を読んでいたかと思うと、寝(ね)ています。
책을 읽고 있나 싶더니 자고 있습니다.

★ しのぎ

칼날과 칼등 사이의 볼록하게 나온 부분을 가리키는 말이다. 보통 관용구의 형태로 많이 쓰인다. 즉, しのきを削(けず)る란 표현은 '격렬하게 싸우다, 심하게 칼싸움을 하다'란 뜻이다.

★ 尻目

'곁눈질'이란 뜻으로, 관용구의 형태로 많이 쓰인다. 尻目(しりめ)にかける는 '얕보다, 무시하다, 거들떠보지 않다, 본 체 만 체하다'란 뜻이다.

吹き分けられるように、敵陣の一角が乱れたところを、猩々緋の武者は槍をつけたかと思うと、早くも三、四人の端武者を突き伏せて、またゆうゆうと味方の陣へ引っ返した。

その日に限って[6]、黒皮おどし*のよろいを着て、南蛮鉄のかぶとをかぶっていた中村新兵衛は、会心の微笑を含みながら、猩々緋の武者の華々しい武者ぶりを眺めていた。そして、自分の形だけすらこれほどの力を持っているということに、かなり大きい誇りを感じていた。

彼は、二番槍は自分が合わそうと思ったので、駒を乗り出すと、一文字に敵陣に殺到した。

□ 吹き分ける　바람이 불어서 흩어놓다
□ 乱れる　흐트러지다
□ 槍をつける　창을 들다
□ 早くも　빨리도, 순식간에
□ 端武者　졸개 무사
□ 突き伏せる　찔러서 쓰러뜨리다
□ ゆうゆうと　유유히
□ 陣　진, 진영
□ 引っ返す　다시 돌아오다

□ よろい　갑옷
□ 南蛮鉄　강철 〈16세기 후반에 서양에서 들어온 강철로, 南蛮(なんばん)은 '서양'을 가리킴〉
□ 会心の微笑　회심의 미소 = 会心(かいしん)の笑(え)み
□ 含む　포함하다
□ ～ぶり　~모습
□ 眺める　바라보다

□ ～だけすら　~만으로도, ~만으로 조차
□ これほど　이만큼, 이 정도
□ 力を持つ　힘을 가지다
□ かなり　꽤, 상당히
□ 二番槍　두 번째 전투
□ 槍を合わす　창을 겨누다
□ 一文字に　곧장, 정면으로, 똑바로 〈주저하지 않고 돌진하는 것을 말함〉

바람에 흩어지듯이 적진의 일각이 흐트러졌을 때 검붉은 하오리를 입은 무사는 창을 드는가 싶더니 순식간에 서너 명의 졸개 무사들을 찔러서 쓰러뜨리고는 또다시 유유히 아군 진영으로 되돌아왔다.

그 날 따라 검은 가죽 갑옷을 입고 서양에서 들어온 강철 투구를 쓰고 있던 나카무라 신베에는 회심의 미소를 지으며 검붉은 하오리를 입은 무사의 화려한 무사 활약상을 바라보고 있었다. 그리고 자신의 겉모습만으로 이 정도의 힘을 가지고 있다는 것에 상당히 큰 자부심을 느끼고 있었다.

그는, 두 번째 전투는 자신이 직접 창을 겨누려고 했었기 때문에 말을 타자마자 곧장 적진으로 쇄도했다.

6 ~に限って ~에 한해서, ~만은 [명사+に限って]

앞에 오는 말을 한정 또는 제한하는 표현으로, 그 말을 강조한다.

女性(じょせい)に限って割引(わりびき)になります。
여성에 한해서 할인이 됩니다.

★ 黒皮おどし

갑옷의 재료가 되는 철판이나 가죽판을 가는 가죽이나 실로 엮은 것을 おどし라고 하는데, 黒皮おどし는 검게 물들인 가죽 끈으로 엮은 갑옷을 말한다.

猩々緋の武者の前には、戦わずして浮き足立った敵陣が、中村新兵衛の前には、ビクともしなかった。

そのうえに彼らは、猩々緋の『槍中村』に突き乱された恨みを、この黒皮おどしの武者の上に復讐せんとして、たけり立っていた。

新兵衛は、いつもとは、勝手が違っていることに気がついた。いつもは虎に向かっている羊のような怖じ気が、敵にあった。彼らがうろたえ血迷うところを突き伏せるのに、何の造作もなかった。今日は、彼らは対等の戦いをする時のように、勇み立っていた。どの雑兵も十二分の力を新兵衛に対し発揮した。

검붉은 하오리를 입은 무사 앞에서는 싸우지도 않고 달아나려고 했던 적진이 나카무라 신베에 앞에서는 꿈쩍도 하지 않았다.

게다가 그들은 검붉은 하오리를 입은 '창의 달인 나카무라'에게 크게 당한 원한을 이 검은 띠로 엮은 갑옷을 입은 무사에게 복수하려고 하여, 매우 거칠고 흥분되어 있었다.

신베에는 여느 때와는 다르다는 것을 알았다. 여느 때는 호랑이에게 다가가고 있는 양과 같은 두려움이 적에게 있었다. 그들이 당황하고 흥분하여 이성을 잃은 틈을 타서 찔러 쓰러뜨리는데 전혀 어려움이 없었다. 오늘 그들은 대등한 싸움을 할 때처럼 용감하게 싸웠다. 어느 졸개무사들도 신베에를 상대로 하여 충분히 힘을 발휘했다.

- □ ～ずして ~(하)지 않고 = ～ないで
- □ 浮き足立つ (두려움과 불안 등으로) 달아나려고 하다 〈浮き足 (도망치려는) 발걸음, 태세, 태도〉
- □ ビクともしない 꿈쩍도 안 하다
- □ 突き乱される 찔려서 흐트러지다 〈상대에게 크게 당한 모양〉
- □ 恨み 원한
- □ 復讐 복수
- □ ～せんと ~(하)려고 = ～しようと
- □ たけり立つ 몹시 흥분하다, 사납게 날뛰다
- □ いつもとは 평상시와는, 여느 때와는
- □ 勝手 사정, 형편 = 事情(じじょう)
- □ 気がつく 알아차리다
- □ いつもは 평상시는, 여느 때는
- □ ～に向かう ~로 향하다
- □ 怖じ気 두려움, 공포심
- □ うろたえる 당황하다
- □ 血迷う (흥분하여) 이성을 잃다, 상기되다
- □ 突き伏せる 찔러서 쓰러뜨리다
- □ 造作もない 손쉽다, 간단하다 〈造作 번거로움, 수고〉
- □ 対等 대등
- □ 勇み立つ 용기가 나다, 힘이 솟다, 투지가 샘솟다
- □ 十二分 충분하고도 남을 정도 〈十分(じゅうぶん)보다 강조된 표현〉
- □ 発揮する 발휘하다

二、三人突き伏せることさえ容易ではなかった。敵の槍の矛先が、ともすれば身をかすった。新兵衛は必死の力を振るった。平素の二倍もの[7]力さえ振るった。が、彼は、ともすれば突き負けそうになった。手軽にかぶとや猩々緋を貸したことを後悔するような感じが、頭の中をかすめたときであった。敵の突き出した槍が、おどしの裏をかいて彼の脾腹を貫いていた。

- 容易だ 용이하다, 수월하다
- ともすれば 자칫하면, 걸핏하면 =ともすると
- 身をかする 몸을 가볍게 스치고 지나가다
- 力を振るう 힘을 휘두르다
- 平素 평소
- 突き負ける 찔려서 패하다
- 手軽に 어렵지 않게, 손쉽게
- 後悔する 후회하다
- かすめる 스치다
- 突き出す 찌르다
- 裏をかく 뒤통수를 치다 <전혀 예상하지 못한 상황에 씀>
- 脾腹 옆구리
- 貫く 관통하다

두세 명 찔러 쓰러뜨리는 것조차 용이한 일이 아니었다. 적의 창끝이 걸핏 하면 몸을 스쳤다. 신베에는 필사의 힘을 발휘했다. 평소의 두 배나 되는 힘을 발휘했다. 하지만, 그는 자칫하면 창에 찔려 패할 것 같았다. 손쉽게 투구와 검붉은 하오리를 빌려준 것에 대한 후회가 머릿속을 스쳤을 때였다. 적이 찌른 창이 갑옷의 미늘을 뚫고 그의 옆구리를 관통했다.

---

7 〜もの〜 ~나 되는 ~ [명사+もの+명사]

주로 앞에는 시간 · 수치 · 단위 등과 같은 정확한 개념을 가진 명사가 온다. も 뒤에 붙는 の는 뒤에 오는 명사와 연결하기 위하여 쓴 것이다.

彼は20キロもの荷物(にもつ)を持ち上げられます。
그는 20킬로그램이나 되는 짐을 들어올릴 수 있습니다.

著作者

宮沢賢治(시인, 동화 작가)	オツベルと象　오츠베르와 코끼리
太宰治(소설가)	走れメロス　달려라 메로스
菊池寛(소설가, 극작가)	形　겉모습

다락원 일한 대역문고 – 중급4
일본중학교 교과서선(下)
日本の中学校の教科書選(下)

지은이 宮沢賢治, 太宰治, 菊池寛
역　주 최종훈
펴낸이 정효섭
펴낸곳 (주)다락원

초판 1쇄 인쇄 2007년 6월 28일
초판 5쇄 발행 2023년 4월 3일

책임편집 이경숙, 김윤희
외주교정 정선영
디자인 서해숙, 이수민
일러스트 윈일러스트

경기도 파주시 문발로 211
Tel: (02)736-2031　Fax: (02)732-2037
(내용문의: 내선 460~465 / 구입문의: 내선 250~252)
출판등록 1977년 9월 16일 제406-2008-000007호

가격 12,000원(교재+오디오CD 1장)

ISBN 978-89-5995-336-3 18730　978-89-5995-296-0(set)

www.darakwon.co.kr
다락원 홈페이지를 통해 인터넷 주문을 하시면 자세한 어학 정보와 함께 다양한 혜택을 받으실 수 있습니다.